GAOXIAO JIAOWU
GUANLI XITONG DE
YANJIU YU SHEJI

高校教务管理系统的研究与设计

熊 靖 著

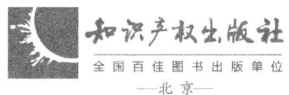

图书在版编目（CIP）数据

高校教务管理系统的研究与设计/熊靖著.—北京：知识产权出版社，2022.9
ISBN 978-7-5130-8305-8

Ⅰ.①高… Ⅱ.①熊… Ⅲ.①高等学校—教务工作—研究 Ⅳ.① G647.3

中国版本图书馆 CIP 数据核字（2022）第 152076 号

内容提要

高校教务管理工作是高校管理工作的核心，是保证高校教学机制正常运转的枢纽，它直接反映了高校教育管理和教学质量的综合水平。一个完备的教务管理系统可以规范教学信息及教务管理流程，提高管理者的工作效率，从而提升高校整体竞争力。本书对高校教务管理系统进行研究与设计，对系统各模块功能做了多重剖析，力求设计出一套能够满足教务管理人员及师生需求的现代化教务管理系统。

本书可作为教务管理人员的参考用书。

责任编辑：郑涵语　　　　　　　　责任印制：孙婷婷

高校教务管理系统的研究与设计
GAOXIAO JIAOWU GUANLI XITONG DE YANJIU YU SHEJI

熊　靖　著

出版发行：知识产权出版社 有限责任公司		网　址：http://www.ipph.cn		
电　话：010-82004826		http://www.laichushu.com		
社　址：北京市海淀区气象路50号院		邮　编：100081		
责编电话：010-82000860转8569		责编邮箱：laichushu@cnipr.com		
发行电话：010-82000860转8101		发行传真：010-82000893		
印　刷：北京中献拓方科技发展有限公司		经　销：新华书店、各大网上书店及相关专业书店		
开　本：880mm×1230mm　1/32		印　张：4.375		
版　次：2022年9月第1版		印　次：2022年9月第1次印刷		
字　数：130千字		定　价：39.00元		

ISBN 978-7-5130-8305-8

出版权专有　侵权必究
如有印装质量问题，本社负责调换。

目　录

第一章　绪　论 ……………………………………………………（1）
  一、高校教务管理系统的研究背景 ……………………………（1）
  二、高校教务管理系统的发展历程 ……………………………（3）
  三、本书研究的内容和意义 ……………………………………（4）

第二章　教务管理系统需求分析 ……………………………………（6）
  一、系统需求分析概述 …………………………………………（6）
  二、系统总体需求分析 …………………………………………（7）
    （一）系统总体功能需求分析 ………………………………（7）
    （二）系统角色分析 …………………………………………（8）
  三、系统功能性需求分析 ………………………………………（13）
    （一）系统管理 ………………………………………………（13）
    （二）基础资源管理 …………………………………………（15）
    （三）课程管理 ………………………………………………（18）
    （四）培养方案管理 …………………………………………（20）
    （五）排课管理 ………………………………………………（25）
    （六）选课管理 ………………………………………………（31）
    （七）学分收费管理 …………………………………………（34）
    （八）考务管理 ………………………………………………（37）
    （九）成绩管理 ………………………………………………（40）
    （十）教材管理 ………………………………………………（42）

（十一）学籍管理 …………………………………………（46）
  （十二）毕业管理 …………………………………………（48）
  （十三）教学评价管理 ……………………………………（51）
  （十四）日常运行管理 ……………………………………（55）
 四、系统非功能性需求分析 ……………………………………（61）
  （一）可用性 ………………………………………………（62）
  （二）可靠性 ………………………………………………（62）
  （三）可维护性 ……………………………………………（62）
  （四）可扩展性 ……………………………………………（62）
  （五）安全性 ………………………………………………（63）
 五、系统可行性分析 ……………………………………………（63）
  （一）技术可行性分析 ……………………………………（63）
  （二）经济可行性分析 ……………………………………（64）
  （三）操作可行性分析 ……………………………………（64）

第三章 高校教务管理系统设计 ……………………………（65）
 一、教务管理系统设计的原则及目标 …………………………（65）
 二、体系结构设计 ………………………………………………（66）
 三、系统功能模块设计 …………………………………………（67）
  （一）系统管理模块功能设计 ……………………………（67）
  （二）基础资源管理模块功能设计 ………………………（70）
  （三）课程管理模块功能设计 ……………………………（72）
  （四）培养方案管理模块功能设计 ………………………（74）
  （五）排课管理模块功能设计 ……………………………（78）
  （六）选课管理模块功能设计 ……………………………（82）
  （七）学分收费管理模块功能设计 ………………………（86）
  （八）考务管理模块功能设计 ……………………………（88）
  （九）成绩管理模块功能设计 ……………………………（90）
  （十）教材管理模块功能设计 ……………………………（93）

（十一）学籍管理模块功能设计 ……………………………（96）
　　（十二）毕业管理模块功能设计 ……………………………（98）
　　（十三）教学评价管理模块功能设计 ………………………（100）
　　（十四）日常运行管理模块功能设计 ………………………（103）

第四章　数据库设计 ………………………………………………（109）
　一、业务活动主体 …………………………………………………（109）
　　（一）教师 ……………………………………………………（109）
　　（二）学生 ……………………………………………………（110）
　二、教学资源 ………………………………………………………（111）
　　（一）教学管理机构 …………………………………………（111）
　　（二）教室资源 ………………………………………………（112）
　　（三）专业 ……………………………………………………（113）
　　（四）班级 ……………………………………………………（114）
　　（五）课程信息 ………………………………………………（115）
　三、教务管理业务活动 ……………………………………………（115）
　　（一）培养方案 ………………………………………………（115）
　　（二）教学安排 ………………………………………………（117）
　　（三）课表编排 ………………………………………………（118）
　　（四）选课管理 ………………………………………………（119）
　　（五）考务管理 ………………………………………………（121）
　　（六）成绩管理 ………………………………………………（122）
　　（七）教材管理 ………………………………………………（123）
　　（八）评教类 …………………………………………………（126）
　　（九）教师工作量 ……………………………………………（128）

第五章　总　　结 ……………………………………………………（130）

参考文献 ………………………………………………………………（132）

第一章 绪 论

一、高校教务管理系统的研究背景

近年来，伴随新一代信息基础设施加速形成并不断完善，以大数据、云计算、人工智能为代表的新一轮信息技术创新浪潮席卷全球，人类的生产、生活乃至思维、学习方式都受到了巨大影响。教育发展也被深深打上了信息化的烙印，信息技术不仅改变着现在的教育，也塑造着未来的教育。

为应对信息技术的迅猛发展和积极开展"互联网+教育"的发展需求，各高校不断改善办学条件，充分利用新信息技术，营造网络化、数字化、智能化的教育教学环境，促进信息技术与高等学校人才培养等方面的深度融合和创新应用，提高教育教学质量和科研服务水平，培养具有创新精神和实践能力的高素质人才，以教育信息化支撑引领教育现代化发展。

在高校教育信息化进程中，教务管理信息化建设起着至关重要的作用。高等院校的主要任务是为社会主义现代化建设培养大批高级专业人才，在国家经济建设、科技进步和社会发展中发挥着重要作用。高校教学秩序的稳定和教学质量的提高是人才培养的基础，而教务管理工作是保证教学活动正常运转的枢纽。教务管理工作是高校管理工作的核心和基础，关系到高校教学秩序的稳定和教学质量的提高，同样也关系到高校的发展和人才的培养。教务管理信息化建设是为了提高教务管理水平、保证教学管理秩序、提高教学质量，从而提高高校人才培养的核心竞争力。

利用计算机技术对教务工作进行科学管理，规范教务管理流程，将繁复的线下流程转为线上进行，将大量简单重复的数据计算与处理交由计算机来完成，大大提高教务管理质量和效率，使得教务管理人员有更多的时间和精力去思考和钻研一些教务管理方面的深层次问题。此外，利用计算机技术，处理数据信息量大、处理信息及时、保存数据方便快捷，而且相对纸质文档的数据可靠性和安全性更高。因此，教务管理系统的建设势在必行。教务管理系统是教务管理理念和信息化管理技术相结合的一种服务平台，致力于服务广大师生；教务管理系统可利用先进的计算机技术和网络技术，实现基础资源管理、培养方案管理、排课选课管理、学籍管理、成绩管理等教务工作的自动化、信息化和网络化，使教务管理工作高效、透明，促进高校教务管理工作日益规范化和科学化，极大地减少了教务管理工作人员的工作量，有效地推进了高校教务管理水平和效率的提升。

通过教学管理系统，之前需要纸质报告进行逐级审核的流程可通过分级授权的方式转为线上进行。线上提交申请，线上进行审核；通过教务管理系统，教务管理人员可进行教室资源管理、课程资源管理、教职工信息管理及学生学籍管理，可随时进行查询与维护；通过教务管理系统，教务管理人员可进行线上课表安排及考试安排，利用计算机算法更合理地进行资源配置；通过教务管理系统，教师可以线上查询课表、录入成绩、线上管理学生、答疑等；通过教务管理系统，学生可查询课表、查询成绩、查询培养方案及学习完成情况等。

教务管理系统可提高教务管理人员的工作效率和准确性，给教师和学生提供便利。教务管理系统的研究与开发是深化教务体制改革的有力措施。

作为高校教务管理信息化的产物，高校教务管理系统在各大高校已被广大师生所熟知并被熟练使用，将教务管理工作人员从烦琐的手工劳动中解放出来，提高了工作效率，优化了教学管理工作的流程，提高了高校教务管理工作水平，保证了高校教学秩序的稳定和教学质量的提高，为高校的发展和人才的培养提供了坚强保障。

二、 高校教务管理系统的发展历程

关于教育信息化的进程，国外发展较早。发达国家高度重视信息技术对教育的影响和作用，具有大规模的、稳定的队伍来进行技术支持、提供服务，有专用网络且带宽高，以重新调整教育目标，制订教育改革方案，推进教育信息化建设。从 20 世纪 60 年代开始，国外已经有多所大学对教务管理现代信息化建设进行研究和探索，现在已经非常成熟，形成了自己的一套管理模式，规范而科学。美国麻省理工学院在 20 世纪 70 年代就提出了校园数字化的概念，经过 40 多年建设，构建出了一个比较成熟的数字化校园平台。

国内高校信息化建设相对国外起步较晚，但近年来发展迅速，已基本实现教务管理系统的应用。从 20 世纪 80 年代起，部分高校开始实践信息化教务管理系统，高校教务管理系统的开发和使用经历了三个发展阶段。

1. 第一阶段（20 世纪 80 年代至 90 年代初）

这个阶段在国内少部分学校使用单机模式或独立系统的教务管理系统。这种软件系统一般在独立的 PC 机上运行，数据库简单、数据无法共享，各功能独立不互通，无法满足多用户和网络交互的需求。

2. 第二阶段（20 世纪 90 年代初至 21 世纪初）

随着教学体制的不断改革，尤其是学分制、选课制的开展和深入，教务管理日趋繁重、复杂。各高校开始研制开发或从软件公司订购教务管理系统并应用于教务管理。该阶段大部分教务管理系统使用 C/S 模式，C/S 模式的教务管理系统发挥了服务器与客户端硬件环境的优势，降低了系统的通信成本和压力，适合数据量较大、用户数量较少、交互性较强的局域网系统。但在此模式下，教务管理系统存在着分布能力弱、无法满足广域的分布式需求。

3. 第三阶段是（21世纪初至今）

随着互联网技术和 B/S 模式的快速发展和成熟，越来越多的教务管理系统开始利用互联网技术和 B/S 模式。B/S 模式的教务管理系统，主要的事务是在运行服务器上操作，主要数据库记录储存在数据库服务器上，只有少数事务在浏览器端运行和实现，这便降低了用户的总体成本。B/S 模式的教务管理系统分布性强、操作简便、维护简单，应用已日趋成熟。虽然 B/S 模式也存在着缺点，如在稳定运行、人机交互、信息安全等方面不如 C/S 模式，但随着技术的不断成熟和硬件性能的提升，这些不足也逐步被弥补。

目前，随着我国教育教学体制改革的不断深入，各高校为了更好地生存及发展，都不断地学习相关先进的教务管理模式，在学习的过程中不断融合先进的设计思想，设计或购买符合自身管理模式的教务管理系统，从而有效实现教务管理模式的转变，实现信息共享，提高工作效率。

三、 本书研究的内容和意义

我国高校教务管理系统的建设模式主要有两种：一是高校组织团队自主研发；二是采购教育软件公司产品。高校教务管理工作人员更了解高校自身情况，进行自主研发可以更好地结合工作实际，设计出更适合自身的管理系统。但由于大部分高校没有专业的软件开发团队，大多数高校会选择直接购买软件成品，再进行个性化定制。目前应用较多的有正方教务管理系统、青果教务管理系统、强智科技教务管理系统等。但经过调查，各高校在教务管理系统的使用中还存在各种细节问题，还需要不断地摸索和实践，不断地优化和改进，才能进一步跟上高校信息化改革的步伐。

由于教育软件公司开发的教务管理系统都有一套自己的程序逻辑，即使进行了个性化需求定制，在使用的过程中还会发现一些功能与学校的实际情况不符，部分功能还存在缺陷与漏洞，需要在使用的过程中不断更新、不断改进。本书通过对高校教务管理人员及师生进行调研，掌握用户需求，进行详细的需求分析，分析系统各功能模块在使用中存在的系统业务流程与实际业务流程不符的问题，以及系统操作方式与教务管理人员的工作习惯不符的问题等，研究并设计一套更符合高校现阶段管理模式、更接近高校自身工作流程、更能满足教务管理人员工作需求的教务管理系统，从而进一步减轻教务管理人员的工作量，提高教务管理工作效率，优化高校教学资源的配置，为高校建设数字化校园奠定坚实的基础。本书主要研究内容包括以下三方面：

一是进行需求分析。分析高校教务管理系统各模块的主要功能需求，根据对高校的调研结果，结合自身教务工作经验，总结出本系统的具体业务需求，并进行详细的用例分析与描述。

二是对系统各模块功能进行详细分析。根据各模块间的关系对各模块制定相应的结构图、时序图及活动图，详细说明各模块的结构与功能。

三是对系统各功能模块进行详细的数据库表设计，建立表与表之间的联系，保证每个模块的设计都能实现相应的功能。

第二章 教务管理系统需求分析

一、系统需求分析概述

软件的开发是以满足用户的需求为目标的。在开发初期，必须要对用户的需求做一个调查分析，只有在对系统进行了全面的需求分析之后，才能保证系统的设计满足用户的需求和开发的初衷。本章根据高校教务管理工作的实际情况，结合系统开发的技术要求，对系统的总体需求、功能性需求、非功能性需求等各方面进行全面的系统需求分析。

本系统是以高校教务管理人员及师生的需求为依据进行设计的，在高校信息化建设的过程中，教务管理系统的建设是非常重要的一部分。教务管理系统的使用使得教务工作更加科学、规范、合理、高效，是各高校实现数字化、信息化管理的重要环节。它不仅能保证高校教务管理工作的正常运行，而且还是高校提高各项教学工作质量的前提。

目前高校教务管理系统多为购买教育软件公司开发的成品，再根据各自的管理模式进行个性化定制。由于软件公司开发的教务管理系统都有一套自己的程序逻辑，即使进行了个性化的需求更新，但是在使用的过程中还是会存在一些功能与学校的实际情况不符、与用户的使用习惯不符的情况。充分进行需求分析，设计出符合用户需求的教务管理系统，是本书的目标。因此需要满足以下四个要求：

（1）操作简单。教务系统面对的是所有学生、教师和教务工作人员，由于使用者的计算机操作水平差异较大，因此教务管理系统的应用界面应该是友好的、易操作的。

（2）系统可扩展、易维护。系统的建立不是一成不变的，随着技术的发展，系统是会不断扩展和完善的。同时师生的基本情况与需求也是不断发展变化的，教务管理系统必须是可扩展、易维护的，这样才能满足高校不断改变的需求。

（3）系统应确保安全性。应提供用户登录系统的功能，保障只有合法用户才能登录系统，并根据用户类型提供相应的功能使用权限，保护系统的安全性。

（4）满足用户需求。需求分析是系统开发的基础，需求是根据用户的实际要求来制定的。系统最终的使用者也是用户，因此系统所设置的功能必须符合用户需求，这样设计出的系统才是合理且实用性强的。

二、系统总体需求分析

（一）系统总体功能需求分析

教务管理系统需存储大量日常教学活动中产生的数据和信息，为高校的日常教学活动管理、学生管理、教务管理提供一个统一的平台。因为系统是为学生、教师、教务工作人员等不同的人所使用的，因此在保证系统功能正常的基础上，首先必须保证系统功能的完整性。

本书设计的高校教务管理系统涵盖了 14 大模块，分别是系统管理、基础资源管理、课程管理、培养方案管理、排课管理、选课管理、学分收费管理、考务管理、成绩管理、教材管理、学籍管理、毕业管理、教学评价管理及日常运行管理。整个系统的功能模块如图 2.1 所示。

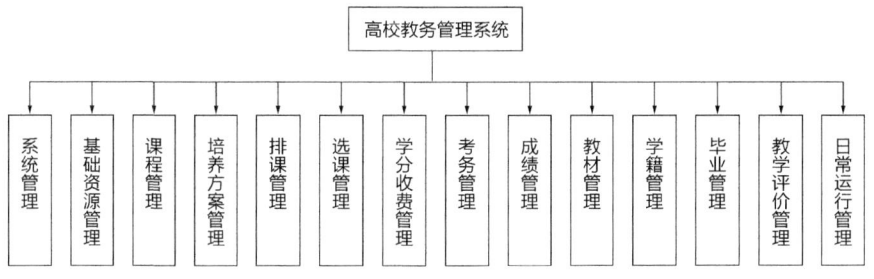

图 2.1　系统功能模块

其中，系统管理模块主要是系统管理员对系统用户的账号管理和系统权限的管理；基础资源管理模块主要是对学院、班级、专业、师资及教室等基础信息进行管理与维护；课程管理模块主要是对全校开设的所有课程的具体信息及状态进行管理与维护；培养方案管理模块主要是对不同版本、不同专业的培养方案进行录入与管理，生成执行计划，为每学期课程的安排打好基础；排课管理模块主要是对每学期课表进行编排；选课管理模块主要是对学生选课进行设置与管理；学分收费管理模块主要是根据学生所修课程的学分统计学生费用的模块；考务管理模块主要是管理和安排考试的模块；成绩管理模块主要是对各学期的考试成绩进行录入、管理、维护及查询；教材管理模块主要是管理教师选用的教材和统计发放教材；学籍管理模块主要是管理和维护学生学籍的模块；毕业管理模块主要是给毕业年级学生做毕业审核及管理毕业生的信息；教学评价管理模块主要是对教学评价进行设置与管理，并生成评价结果报表；日常运行管理模块主要包括教室借用、教师调停课及工作量的核算三大功能。后续小节将进行详细说明。

（二）系统角色分析

本系统是一个基于 Web 的教务管理系统，面向学校的教务工作人员、教师和学生。不同身份的用户对系统的需求也不一样。例如，教师希望更方便地管理学生的成绩和考勤信息；学生希望更方便地管理自己的课程信息、成绩等。所以在设计系统的时候，就必须优先实现这些功能。

系统为了能够更好地为不同的用户分配权限，将访问系统的用户按其身份分为五类，分别是系统管理员、教务管理员、学院教务管理员、教职工和学生。只有通过了身份验证的用户才能进入各自相应的界面，系统相关角色用例如图 2.2 所示。

第二章 教务管理系统需求分析

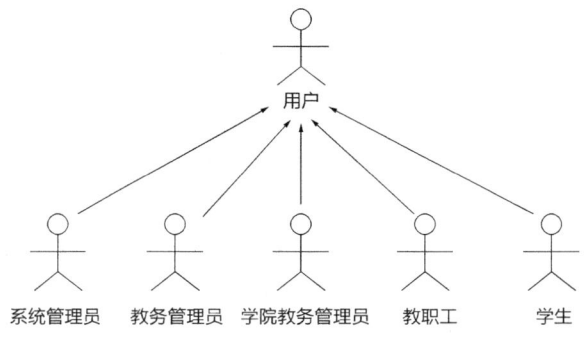

图 2.2　系统角色用例

1. 系统管理员

系统管理员拥有系统的最高权限，能够操作和管理系统中的所有模块，同时可以对系统中所有用户和角色进行管理。系统管理员也是系统的总体管理人员，该角色只能由教务管理部门内部人员担任。

系统管理员首先需要对用户的信息资料进行管理，这些信息只能由系统管理员统一增加到系统中，并为每个用户生成登录账号和初始密码；然后需要给每个用户分配合适的角色，并给不同的角色赋予不同的权限，使不同的用户在进入系统后能够使用不同的功能。系统管理员用例如图 2.3 所示。

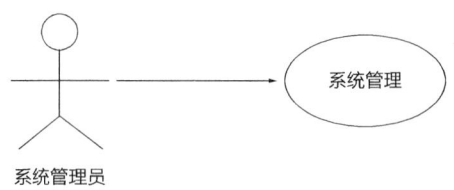

图 2.3　系统管理员用例

2. 教务管理员

教务管理员应当由教务管理部门内部人员担任，其主要工作是要合理安排教学任务，服务师生，保证教学工作的顺利进行。其中教务运行管理人员在学期初新生入学后要以通知或者公告的形式将教务管理系统的初始账号和密码告知学生，方便学生及时查询个人信息、学期课表及大学期间的培养方案等；学期中要开始下达和安排下个学期的教学任务，以保证在学期末可以完成下学期课表的安排并进行选课；学期末要公布下学期的教师课表及学生课表，以保证教师和学生可以利用假期进行准备工作。培养方案管理人员需要对每个年级每个专业学生的培养方案进行整体管理，并对其进行维护，确保其准确性，保障教学计划的执行及学生的修读。成绩管理人员需要在学期末督促任课老师及时录入学生的成绩，并对其进行维护。教务管理员用例如图2.4所示。

3. 学院教务管理员

学院教务管理员应该由学院教学秘书或辅导员担任，其主要工作是配合教务管理员合理安排学院的教学工作，服务师生，保证学院教学工作的顺利进行。教学秘书需要录入学院的专业培养方案，安排学院的专业课程，并指导学生选课等。辅导员需要查询学生课程、学生成绩，审核学生缓考、教室借用等。学院教务管理员用例如图2.5所示。

4. 教职工

教职工需要通过账号、密码登录系统后才能进行相应的操作。教师登录系统可以查看和修改个人基本信息；可以查看所有专业培养方案，在课程管理模块中录入自己所授课程的大纲及课程介绍，以方便学生了解课程情况；可以查看每学期的授课课表及课堂人数、学生名单，保证正常教学；可以在课程结束之后录入所授课程的平时成绩和期末成绩，方便学生查看；还可以在系统中办理调停课及借用教室。其他行政人员则可借用教室主办各种活动。教职工用例如图2.6所示。

第二章 教务管理系统需求分析

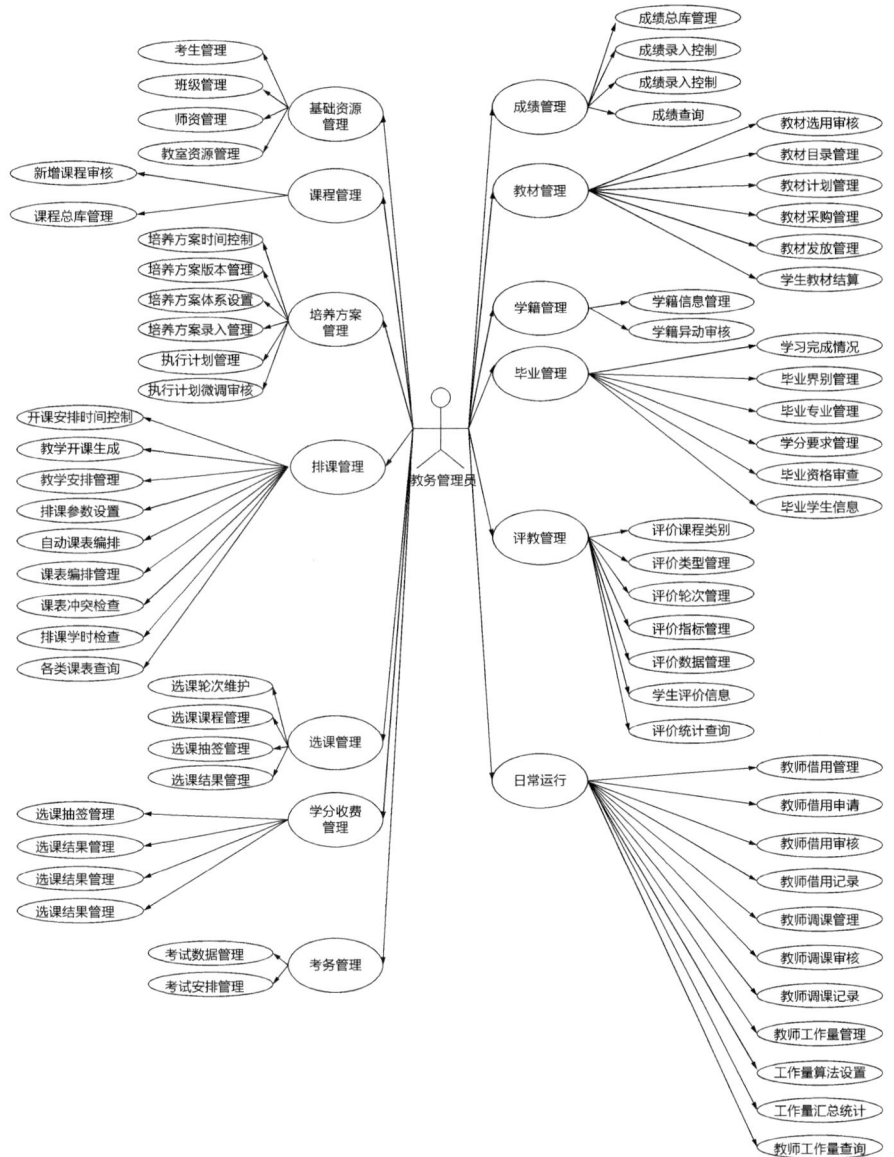

图 2.4 教务管理员用例

11

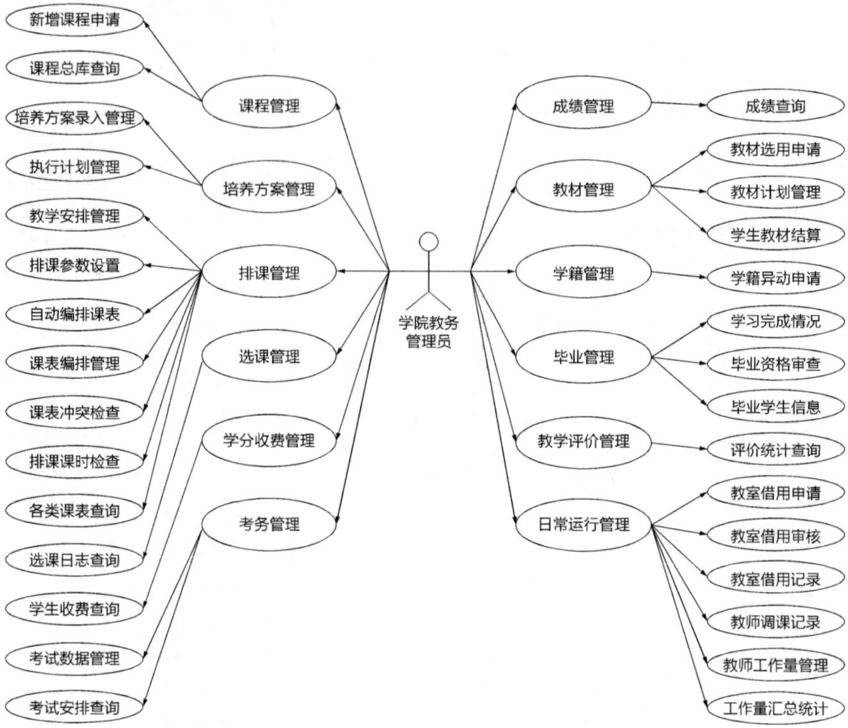

图 2.5 学院教务管理员用例

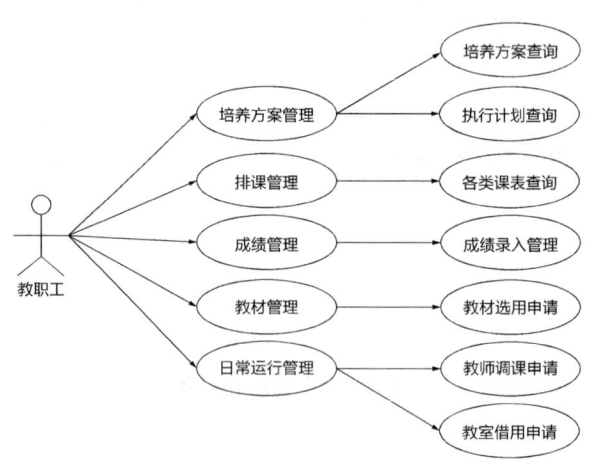

图 2.6 教职工用例

5. 学生

学生登录系统可以查看和修改个人基本信息；查看专业培养方案，做好个人学习规划；参加选课、查看每学期的课程表；查询自己的考试成绩以及打印成绩单等。学生用例如图 2.7 所示。

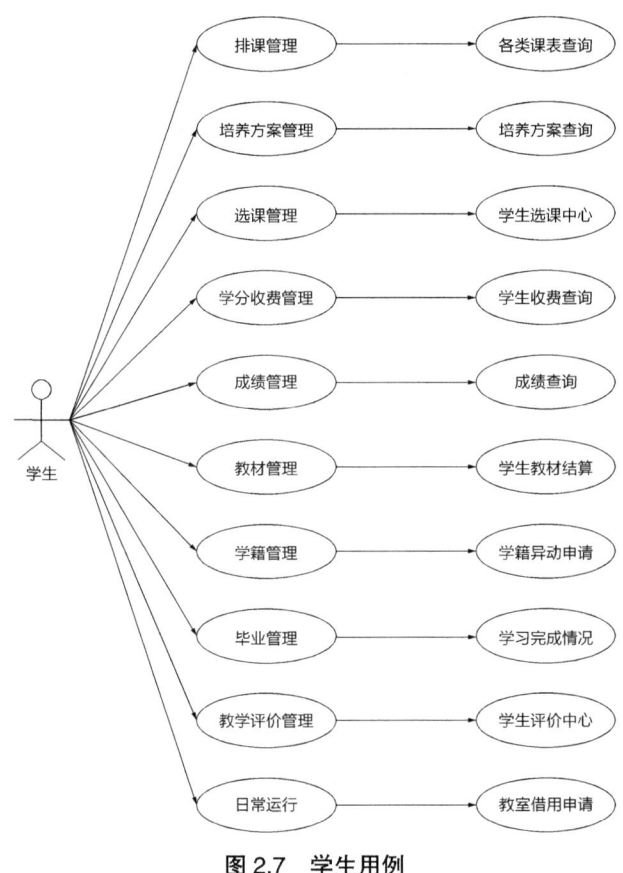

图 2.7　学生用例

三、系统功能性需求分析

（一）系统管理

1. 用例分析

系统管理模块主要是系统管理员对系统用户的管理，包括系统用户管理和系统权限管理两种。系统用户管理的功能是对系统管理员、教务管理员、学院教务管理员、教职工和学生五类用户登录账号及密码进行管理，可以单独重置各类人员的账号、密码，也可以批量设置新进教职工和新生的账号、密码；可以设置学院教务管理员及教职工的所在学院，从而控制学院教务管理员及教职工的权限范围。系统权限管理的功能是对系统中用户的权限进行管理和控制，不同的用户应该具有不同的权限，严格的权限划分有利于提高系统的安全性。系统管理用例如图 2.8 所示。

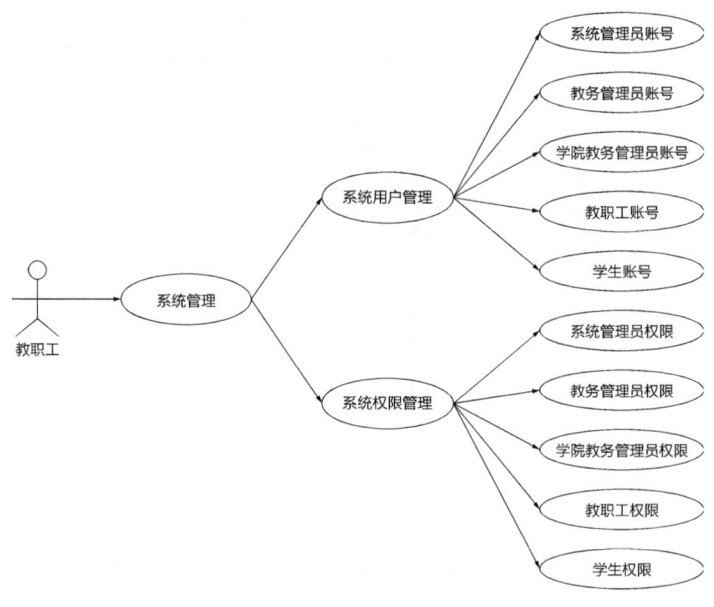

图 2.8　系统管理用例

2. 用例描述

系统用户管理和系统权限管理子功能的用例描述如表 2.1、表 2.2 所示。

表 2.1　"系统用户管理"用例描述

标题	说明
用例名称	系统用户管理
简要描述	对系统中五类用户的账号及密码进行管理

续表

标题	说明
参与者	系统管理员、教务管理员
前置条件	①教务管理员在"基础资源管理—师资管理"中维护好教职工的所有信息； ②教务管理员在"学籍管理—学籍信息管理"中维护好学生的所有信息
基本事件流	①系统管理员进入"系统管理—系统用户管理"页面； ②在各类用户中导入用户名单，生成初始账号和密码； ③对用户的账号有效期、权限范围（所属院系）进行设置； ④对用户的密码进行重置
后置条件	操作完成后保存并退出

表 2.2 "系统权限管理子功能"用例描述

标题	说明
用例名称	系统权限管理
简要描述	对系统中五类用户的权限进行管理
参与者	系统管理员
前置条件	系统管理员进入"系统管理—系统权限管理"页面
基本事件流	根据不同的用户角色设置不同的权限
后置条件	操作完成后保存并退出

（二）基础资源管理

1. 用例分析

系统很多功能会用到一些基础信息，包括学院信息、学生信息、班级信息、专业信息、师资信息、课程信息及教室信息等，基础资源管理模块对这些信息进行专门的管理与维护，既便于各功能模块的使用，也确保了数据信息的一致性和准确性。

基础资源管理模块主要是对学院信息、班级信息、专业信息、师资信息及教室信息进行管理与维护。教务管理员可对这些信息进行增加、删除、导入等。基础资源管理用例如图 2.9 所示。

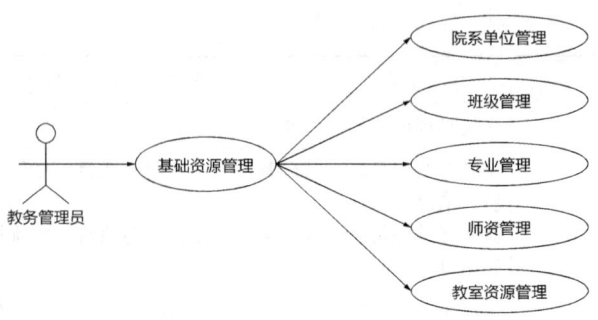

图 2.9 基础资源管理用例

2. 用例描述

基础资源管理功能包括院系单位管理、班级管理、专业管理、师资管理及教室资源管理五个子功能，其用例描述如表 2.3～表 2.7 所示。

表 2.3 "院系单位管理"用例描述

标题	说明
用例名称	院系单位管理
简要描述	对高校的院系单位名称、代码等信息进行维护和管理
参与者	教务管理员、学院教务管理员
前置条件	进入"基础资源管理—院系单位管理"页面
基本事件流	①增加、删除、导入、导出院系单位列表中的数据； ②对院系单位名称、代码、类别等数据进行管理与维护； ③学院教务管理员可查询院系单位信息
后置条件	保存后供系统中其他模块中的院系单位字段取用

表 2.4 "班级管理"用例描述

标题	说明
用例名称	班级管理
简要描述	对班级的基础信息进行维护和管理
参与者	教务管理员、学院教务管理员
前置条件	进入"基础资源管理—班级管理"页面

续表

标题	说明
基本事件流	①增加、删除、导入、导出班级列表中的数据； ②对班级名称、班级人数、年级、所属专业、所属学院等信息进行设置与维护； ③学院教务管理员可查询班级信息
后置条件	保存后供系统中其他模块中的班级字段取用

表 2.5 "专业管理"用例描述

标题	说明
用例名称	专业管理
简要描述	对各学院专业的基础信息进行维护和管理
参与者	教务管理员、学院教务管理员
前置条件	进入"基础资源管理—专业管理"页面
基本事件流	①增加、删除、导入、导出专业列表中的数据； ②对学院各专业的专业名称、专业年级、所属学院等信息进行设置与维护； ③学院教务管理员可查询专业信息
后置条件	保存后供系统中其他模块中的专业字段取用

表 2.6 "师资管理"用例描述

标题	说明
用例名称	师资管理
简要描述	对学校教职工的基础信息进行维护和管理
参与者	教务管理员、学院教务管理员
前置条件	进入"基础资源管理—师资管理"页面
基本事件流	①增加、删除、导入、导出师资列表中的数据； ②对教职工姓名、工号、所属单位、在职状态等信息进行设置与维护； ③学院教务管理员可查询师资信息
后置条件	保存后供系统中其他模块中的师资字段取用

表 2.7 "教室资源管理"用例描述

标题	说明
用例名称	教室资源管理
简要描述	对教室资源信息进行维护和管理
参与者	教务管理员、学院教务管理员
前置条件	进入"基础资源管理—教室资源管理"页面
基本事件流	①增加、删除、导入、导出教室列表中的数据； ②对教室名称、教室座位数、教室考试座位数、所属教学楼、教室类型、是否可用等信息进行设置与维护； ③学院教务管理员可查询教室资源信息
后置条件	保存后供系统中其他模块中的教室字段取用

（三） 课程管理

1. 用例分析

课程管理模块是对全校开设的所有课程进行管理。课程总库管理功能可对课程的课程号、课程名、学时、学分、课程属性及课程的状态等数据进行设置和维护，课程总库查询功能可对课程的这些信息进行查询。此外，学院教务管理员可根据学校情况申请开设新的课程，由教务管理员进行审核，审核通过后的课程进入课程总库管理和课程总库查询的数据表中。课程管理用例如图 2.10 所示。

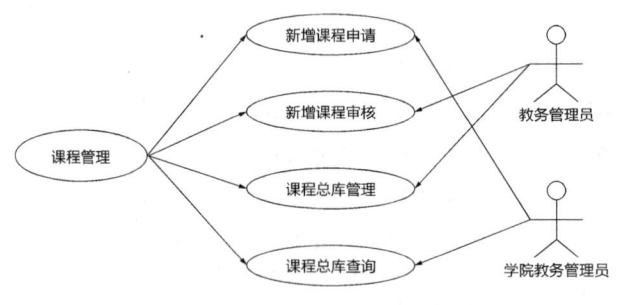

图 2.10 课程管理用例

2. 用例描述

课程管理功能包括新增课程申请、新增课程审核、课程总库管理及课程总库查询四个子功能，其用例描述如表2.8~表2.11所示。

表2.8 "新增课程申请"用例描述

标题	说明
用例名称	新增课程申请
简要描述	对学院要求新加的课程进行申请
参与者	学院教务管理员
前置条件	进入"课程管理—新增课程申请"页面
基本事件流	①学院教务管理员填写新增课程申请表，包括课程名称、课程英文名、学时、学分、开课学院、课程类别、课程简介等； ②可查看审核状态，包括"待审核""审核通过""审核不通过"
后置条件	提交后的新增课程申请进入新增课程审核列表中等待审核

表2.9 "新增课程审核"用例描述

标题	说明
用例名称	新增课程审核
简要描述	对新增课程申请进行审核
参与者	教务管理员
前置条件	进入"课程管理—新增课程审核"页面
基本事件流	①审核新增课程； ②给审核通过的课程编课程号； ③对不符合要求的课程审核不通过
后置条件	审核通过的课程显示在课程总库列表中，并更新"新增课程申请"中审核状态为"通过"。审核不通过的更新"新增课程申请"中审核状态为"不通过"

表2.10 "课程总库管理"用例描述

标题	说明
用例名称	课程总库管理
简要描述	对课程进行增加、删除、修改等
参与者	教务管理员

续表

标题	说明
前置条件	进入"课程管理—课程总库管理"页面
基本事件流	①新增课程,录入新增课程的课程号、课程名、课程英文名、学时、学分、开课学院、课程类别、课程简介等; ②对课程总库课程进行删除、修改、导入、导出等
后置条件	新增的课程进入课程总库列表中

表 2.11 "课程总库查询"用例描述

标题	说明
用例名称	课程总库查询
简要描述	查询课程总库列表中的所有数据
参与者	教务管理员、学院教务管理员
前置条件	进入"课程管理—课程总库查询"页面
基本事件流	可查询课程的所有信息,包括课程号、课程名、课程英文名、学时、学分、开课学院、课程类别、课程简介等
后置条件	操作完成后退出

(四) 培养方案管理

1. 用例分析

培养方案是学校根据自身发展特点和人才培养目标,针对每个专业制订的培养计划。它是整个教学活动的基础,与教学任务的下达、课程安排及毕业审核都息息相关,是教学管理的核心内容。确保系统里培养方案的准确性是保证整个教学运行过程顺利有效进行的基础。

培养方案管理模块主要是对不同版本、不同专业的培养方案进行管理。教务管理员负责控制培养方案录入和修改的时间、培养方案的审核、执行计划的生成及微调审核等,学院教务管理员负责培养方案的录入、执行计划的微调及查询等。培养方案管理用例如图 2.11 所示。

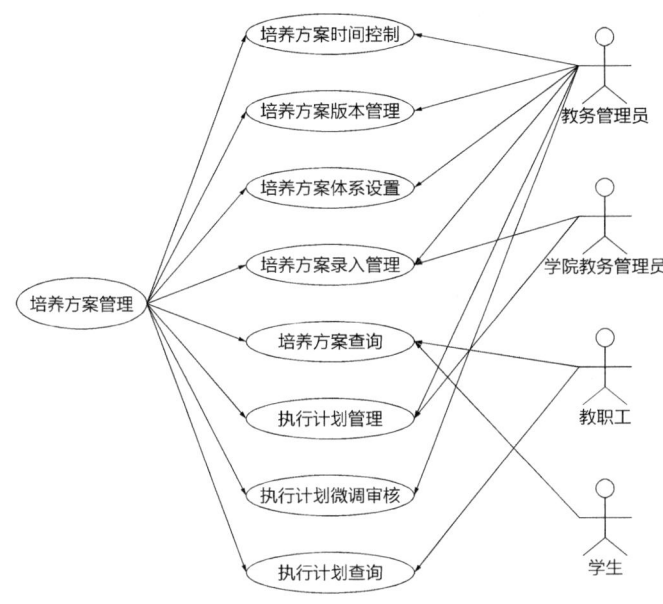

图 2.11 培养方案管理用例

2. 用例描述

培养方案管理模块包括培养方案时间控制、培养方案版本管理、培养方案体系设置、培养方案录入管理、培养方案查询、执行计划管理、执行计划微调审核和执行计划查询八个子功能。其用例描述如表 2.12~表 2.19 所示。

表 2.12 "培养方案时间控制"用例描述

标题	说明
用例名称	培养方案时间控制
简要描述	控制培养方案修改、送审及审核的时间
参与者	教务管理员
前置条件	进入"培养方案管理—培养方案时间控制"页面
基本事件流	设置培养方案录入、修改及送审的起始时间和结束时间
后置条件	"培养方案版本管理"中录入、修改及送审等功能受设置的时间控制

表 2.13 "培养方案版本管理"用例描述

标题	说明
用例名称	培养方案版本管理
简要描述	对培养方案的版本信息进行维护
参与者	教务管理员
前置条件	进入"培养方案管理—培养方案版本管理"页面
基本事件流	①增加培养方案的版本信息； ②设置培养方案的适用年级、版本号、培养目标
后置条件	在"培养方案体系设置""培养方案录入管理""培养方案查询"中按照培养方案版本进行检索

表 2.14 "培养方案体系设置"用例描述

标题	说明
用例名称	培养方案体系设置
简要描述	设置各版本培养方案的体系，包括体系结构、学分要求等
参与者	教务管理员
前置条件	在"培养方案版本管理"中设置好培养方案的版本
基本事件流	①点击需要设置的培养方案版本； ②设置各版本培养方案的体系结构名称、各体系结构的学分要求、各体系结构的课程性质等
后置条件	根据培养方案的体系结构，在"培养方案录入管理"中生成相应的体系模块

表 2.15 "培养方案录入管理"用例描述

标题	说明
用例名称	培养方案录入管理
简要描述	学院教务管理员录入各学院相关专业的培养方案，由教务管理员审核
参与者	教务管理员、学院教务管理员

续表

标题	说明
前置条件	①在"基础资源管理—专业管理"中设置好各年级专业； ②在"培养方案时间控制"中设置好培养方案录入的时间； ③在"培养方案版本管理"中设置好培养方案的版本； ④在"培养方案体系设置"中设置好培养方案的体系结构
基本事件流	①教务管理员生成培养方案录入信息结构； ②在培养方案录入时间内，学院教务管理员录入各专业培养方案，可增加课程、删除课程； ③培养方案录入完成后，学院教务管理员可提交送审； ④教务管理员审核培养方案录入情况
后置条件	①审核通过的培养方案在培养方案数据列表中供查询； ②审核不通过的培养方案，需进行修改后重新提交送审

表2.16 "培养方案查询"用例描述

标题	说明
用例名称	培养方案查询
简要描述	查询各版本培养方案，包括课程体系结构及各模块课程等
参与者	教职工、学生
前置条件	①在"培养方案版本管理"中设置好培养方案的版本； ②在"培养方案体系设置"中设置好培养方案的体系结构； ③在"培养方案录入管理"中录入正确培养方案，提交送审后审核通过
基本事件流	输入培养方案的版本号、所属学院、专业进行查询，可查询培养方案各模块具体课程信息
后置条件	操作完成后退出

表2.17 "执行计划管理"用例描述

标题	说明
用例名称	执行计划管理
简要描述	根据培养方案生成执行计划，并对需要调整的计划进行微调申请
参与者	教务管理员、学院教务管理员

续表 2.17

标题	说明
前置条件	培养方案送审后,审核通过
基本事件流	①教务管理员根据培养方案生成各专业执行计划; ②学院教务管理员可根据各学院每学期的情况对执行计划中的课程进行微调,微调申请类别包括调整课程学年学期、选修课程停开
后置条件	执行计划微调申请进入"执行计划微调审核"列表

表 2.18 "执行计划微调审核"用例描述

标题	说明
用例名称	执行计划微调审核
简要描述	对各学院教务管理员申请的微调课程进行审核
参与者	教务管理员
前置条件	学院教务管理员在"执行计划管理"中对某专业执行计划中的课程申请微调
基本事件流	教务管理员根据学生的修业情况及各学院的实际情况对执行计划微调申请进行审核
后置条件	①符合要求的微调申请审核通过后将直接修改"执行计划管理"中的数据; ②不符合要求的微调申请审核不通过后,可修改微调申请重新送审

表 2.19 "执行计划查询"用例描述

标题	说明
用例名称	执行计划查询
简要描述	对各专业执行计划进行查询
参与者	教职工
前置条件	在"执行计划管理"中生成各专业执行计划
基本事件流	教职工可查询各专业执行计划,以便了解课程的安排情况,以及学生修读课程的情况
后置条件	操作完成后退出

（五） 排课管理

1. 用例分析

排课管理模块是教务系统中非常重要的模块，涉及执行计划的安排、课程的编排等重要环节，对整个教务运行过程起着举足轻重的作用。根据学校教务管理人员及各学院教务工作人员的需求调查，系统需支持两种排课模式，分别是自动排课和手动排课。因此排课管理模块应包含开课安排时间控制、教学开课生成、教学安排管理、排课参数设置、自动编排课表、课表编排管理、课表冲突检查、排课学时检查及各类课表查询九个子功能。开课安排时间控制是控制教学开课生成和教学安排管理的操作时间，确保教学开课生成和教学安排管理是在规定时间内进行操作。教学开课生成是根据执行计划生成每学期的教学任务，包括理论开课生成、通选开课生成和实践开课生成三个二级子用例。教学安排管理是对教学开课生成的教学任务列表中的数据进行处理，各学院教务管理员可录入课程的任课老师、上课周次、教室类型等，录入完成后可转入课表编排管理中进行排课。排课参数设置包括课表时间设置、排课时间设置、排课顺序设置、教室空闲比例设置等，自动排课功能需按照设置好的参数进行自动安排。自动编排课表是根据设置好的参数对课表编排管理中的课程进行自动编排，可以安排的课程显示课表安排情况，无法安排的课程显示未排。课表编排管理可对所有课程进行手动安排和调整，可查询空余时间及空余地点并进行调整。课表冲突检查是检查自动排课和手动排课后课表的冲突，包括教室时间冲突、班级时间冲突、教师时间冲突，检查出冲突后可手动进行调整。排课学时检查是检查课表安排的学时是否与课程学时一致，不一致的显示在列表中，可以手动进行修改。各类课表查询是针对不同用户的不同课表查询需求进行设计的，包括教室课表查询、学生个人课表查询、班级课表查询、教师课表查询及全校总课表查询。排课管理模块的用例如图 2.12 所示，各类课表查询用例如图 2.13 所示。

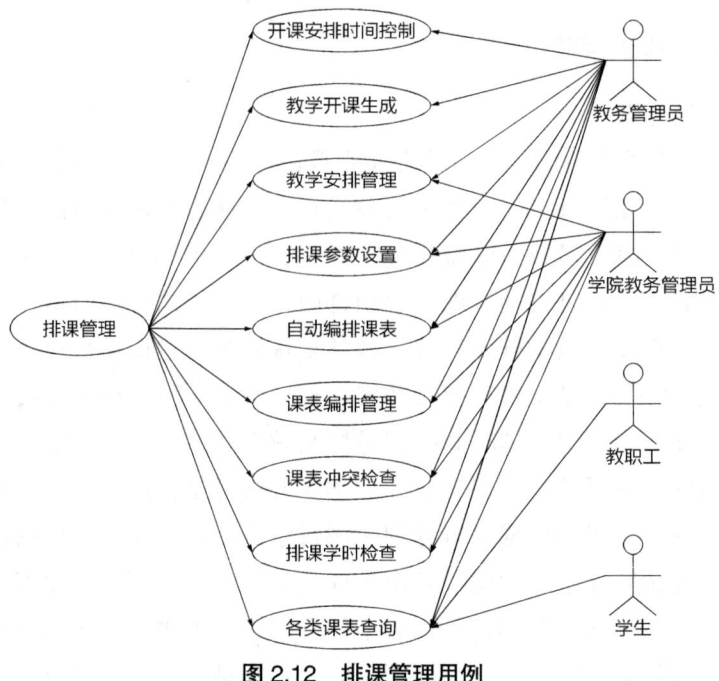

图 2.12　排课管理用例

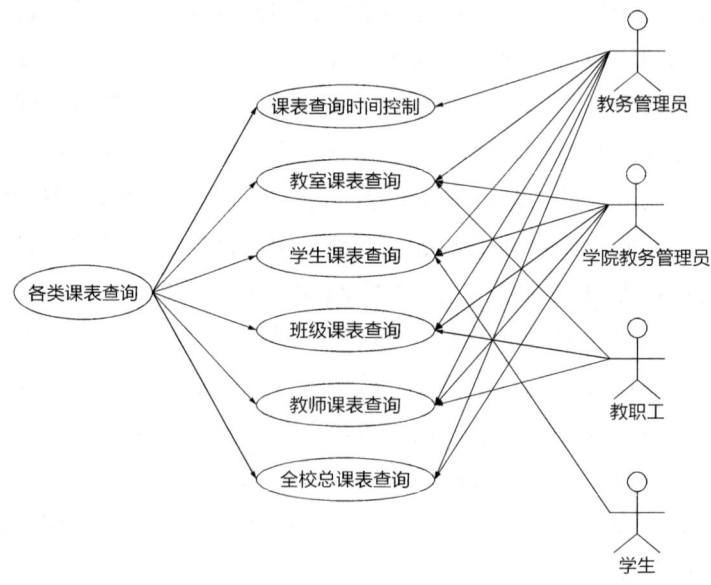

图 2.13　各类课表查询用例

2. 用例描述

排课管理模块应包含开课安排时间控制、教学开课生成、教学安排管理、排课参数设置、自动编排课表、课表编排管理、课表冲突检查、排课学时检查及各类课表查询九个子功能。其用例描述如表 2.20~ 表 2.28 所示。

表 2.20 "开课安排时间控制"用例描述

标题	说明
用例名称	开课安排时间控制
简要描述	设置教学开课生成及教学安排管理操作的时间
参与者	教务管理员
前置条件	进入"排课管理—开课安排时间控制"页面
基本事件流	设置每学期教学任务安排的起始时间和结束时间
后置条件	时间控制设置好后可控制教学开课生成和教学安排管理的操作时间

表 2.21 "教学开课生成"用例描述

标题	说明
用例名称	教学开课生成
简要描述	根据每学期的教学计划生成教学任务
参与者	教务管理员
前置条件	①在"基础资源管理—班级管理"中设置好班级信息； ②在"基础资源管理—专业管理"中设置好专业信息； ③在"培养方案管理—执行计划管理"中生成各专业执行计划
基本事件流	①理论课的教学任务生成； ②实践课的教学任务生成； ③通识课的教学任务生成
后置条件	生成的教学任务进入教学安排管理列表中

表 2.22 "教学安排管理"用例描述

标题	说明
用例名称	教学安排管理
简要描述	各学院教务管理员可录入每学期教学任务的信息,包括课程的任课教师、上课周次、教室类型等
参与者	教务管理员、学院教务管理员
前置条件	在"教学开课生成"中生成学期教学任务
基本事件流	①学院教务管理员在控制时间内录入或修改教学任务的信息,包括课程的任课教师、上课周次、教室类型等; ②教务管理员可对学院教务管理员录入的信息进行检查修改
后置条件	教学任务录入完成后可转入"课表编排管理"中进行排课

表 2.23 "排课参数设置"用例描述

标题	说明
用例名称	排课参数设置
简要描述	为自动排课和手动排课设置排课参数
参与者	教务管理员、学院教务管理员
前置条件	进入"排课管理—排课参数设置"页面
基本事件流	设置排课参数,包括课表时间设置、排课时间设置、排课顺序设置、教室空闲比例设置等
后置条件	设置好的参数进入"自动编排课表"和"课表编排管理"的限制条件中

表 2.24 "自动编排课表"用例描述

标题	说明
用例名称	自动编排课表
简要描述	按照一定的排课算法对教学任务中的课程进行自动编排课表
参与者	教务管理员、学院教务管理员
前置条件	①"教学安排管理"中的教学任务录入完成并提交; ②"排课参数设置"中的排课参数设置完成; ③"基础资源管理—教室资源管理"中维护好教室资源,主要包括教室的座位数

标题	说明
基本事件流	①对课表编排管理中需要安排、但显示"未排"的课程进行自动编排课表,安排上课时间、上课地点; ②显示进度条,包括总课程数、已安排课程数、未安排课程数等
后置条件	①将自动编排的课程时间和地点写入"课表编排管理"中; ②自动编排完成的课程显示"已排",并更新已排学时供后期检查;自动编排无法安排的课程显示"未排",供"课表编排管理"进行手动排课

表 2.25 "课表编排管理"用例描述

标题	说明
用例名称	课表编排管理
简要描述	手动调整课表
参与者	教务管理员、学院教务管理员
前置条件	"教学安排管理"中教学任务录入完成并转入"课表编排管理"中
基本事件流	①对列表中的课程时间、地点进行手动安排和修改。课表编排未安排的课程显示"未排",安排完成的课程显示"已排",并更新已排学时供后期检查; ②可对课程号、课程名等进行检索查询;可检索"未排"的课程,进行手动安排
后置条件	课表全部安排完成后可转入"选课课程管理"中

表 2.26 "课表冲突检查"用例描述

标题	说明
用例名称	课表冲突检查
简要描述	检查自动排课或手动排课安排的课表冲突
参与者	教务管理员、学院教务管理员
前置条件	自动编排课表完成
基本事件流	①检查"教室时间冲突",教室时间有冲突的显示在列表中,可进行手动调整; ②检查"班级时间冲突",班级时间有冲突的显示在列表中,可进行手动调整; ③检查"教师时间冲突",教师时间有冲突的显示在列表中,可进行手动调整

续表

标题	说明
后置条件	手动调整后的课表在"课表编排管理"及"各类课表查询"中更新

表 2.27 "排课学时检查"用例描述

标题	说明
用例名称	排课学时检查
简要描述	检查自动排课或手动排课后的课程学时是否与课程实际学时一致
参与者	教务管理员、学院教务管理员
前置条件	自动编排课表完成
基本事件流	①点击查询进行检查,课程安排学时与实际学时不一致的课程显示在列表中; ②对列表中显示的课程进行手动调整
后置条件	手动调整后的课表在"课表编排管理"及"各类课表查询"中更新

表 2.28 "各类课表查询"用例描述

标题	说明
用例名称	各类课表查询
简要描述	查询各种类型的课表
参与者	教务管理员、学院教务管理员、教职工、学生
前置条件	"课表编排管理"中所有课表已经安排完成
基本事件流	①控制课表查询的功能,可选择开放或关闭; ②教室课表查询。按教室进行课表查询,查询每个教室的课程情况; ③学生课表查询。按学生学号进行课表查询,查询学生的个人课表; ④班级课表查询。按学生班级进行课表查询,查询学生所在的班级课表; ⑤教师课表查询。按教师工号进行课表查询,查询教师的个人课表; ⑥全校总课表查询。学期总课表,可按教学楼、星期、节次进行检索查询
后置条件	操作完成后退出

（六） 选课管理

1. 用例分析

高校根据自身情况，会有不同的选课方式，有的高校是按照学生年级进行选课的，例如大四学生先选，然后是大三学生，接着是大二学生，最后是大一学生；有的高校是分预选、正选、补选和退选。无论是哪种选课方式，基本功能都应该包括选课轮次管理、选课课程管理、选课结果管理、选课抽签管理、选课日志查询及学生选课中心。选课轮次管理用来设置每一次选课的时间、选课的模式、选课的范围等。选课课程管理是对所有参加选课的课程进行管理，首先转入选课课程，然后设置课程是否可选、限选人数、是否停开等。选课结果管理的功能是对学生选课结束以后的数据进行查询和处理，可以增加或删除学生所选课程。选课抽签管理的功能是根据课程设置的限选人数对选课人数超过限选人数的课堂进行抽签，可以设置抽签的规则，如按条件抽签或随机抽签。选课日志查询是查询学生的所有选课记录，根据学生学号查询学生所有课程的选课信息，包括所选课程的课程号、课程名、选课时间、选课人、选课 IP 地址等。学生选课中心的功能是供学生进行网上选课，选课管理模块用例如图 2.14 所示。

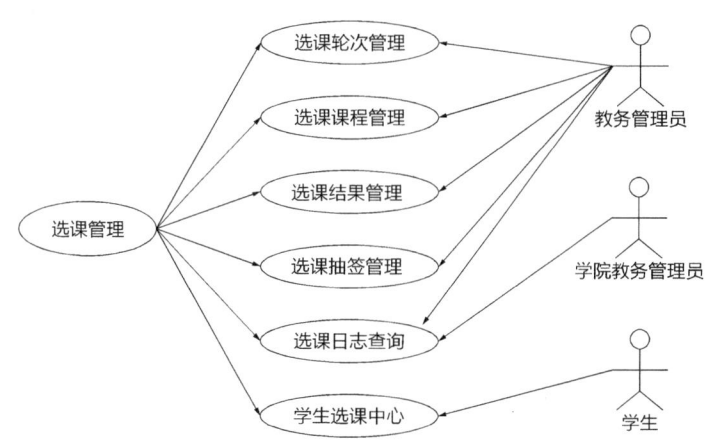

图 2.14　选课管理模块用例

2. 用例描述

选课管理模块包括选课轮次管理、选课课程管理、选课结果管理、选课抽签管理、选课日志查询及学生选课中心六个子功能，其用例描述如表 2.29~ 表 2.34 所示。

表 2.29 "选课轮次管理"用例描述

标题	说明
用例名称	选课轮次管理
简要描述	设置每一次选课的选课时间、选课模式、选课范围等参数
参与者	教务管理员
前置条件	进入"选课管理—选课轮次管理"页面
基本事件流	①选课轮次基础设置。设置选课轮次的基本参数，包括选课起始时间、选课模式、选课退选控制、是否抽签等； ②选课范围设置。设置选课的范围，包括可选班级或可选年级、可选课程类别； ③选课学分设置。设置选课学分上限、各模块限制学分； ④选课定时刷新设置。可以控制学生退选后，课余量不会立刻放出，而要刷新选课人数后才放出课余量
后置条件	选课轮次管理中的数据都设置好后将控制"学生选课中心"中的选课情况

表 2.30 "选课课程管理"用例描述

标题	说明
用例名称	选课课程管理
简要描述	选课课程管理是对所有参与选课的课程进行管理，可以设置是否可选、限选人数、是否停开等
参与者	教务管理员
前置条件	"课表编排管理"中的所有课程安排完成
基本事件流	①转入选课数据； ②设置课程是否可选； ③设置课程的限选人数； ④若课程要取消，可选择"停开"； ⑤可查看每个课堂的选课情况，包括选课人数、学生名单

标题	说明
后置条件	①设置为"可选"的课程在"学生选课中心"可检索到,可以参加选课;设置为"不可选"的课程,在"学生选课中心"无法检索到,不参加选课; ②设置的限选人数直接控制"学生选课中心"中课程可选的人数上限; ③"停开"的课程不显示在"学生选课中心"列表中

表 2.31 "选课结果管理"用例描述

标题	说明
用例名称	选课结果管理
简要描述	选课结果管理是对学生选课结束以后的数据进行查询和处理
参与者	教务管理员
前置条件	学生选课结束
基本事件流	①查询各学期学生选课的情况; ②增加、删除、导入学生选课数据
后置条件	①增加或删除的选课数据的操作将在"选课日志查询"列表中; ②增加或删除的学生选课数据将在学生课表中表现出来

表 2.32 "选课抽签管理"用例描述

标题	说明
用例名称	选课抽签管理
简要描述	对选课人数超过限选人数的课堂进行抽签
参与者	教务管理员
前置条件	选课结束
基本事件流	选课轮次结束后,对该轮次选课结果中选课人数大于限选人数的课堂进行抽签。保证选课人数等于限选人数,其他学生抽调
后置条件	抽签结束后,抽中的学生课表显示选中,没有抽中的学生课表上将无此课程

表 2.33 "选课日志查询"用例描述

标题	说明
用例名称	选课日志查询
简要描述	选课日志查询是查询学生的所有选课记录,根据学生学号查询学生选课期间所进行的所有操作
参与者	教务管理员、学院教务管理员
前置条件	学生选课开始
基本事件流	查询学生选课信息,包括所选课程的课程号、课程名、选课时间、选课人、选课 IP 地址等
后置条件	操作完成后退出

表 2.34 "学生选课中心"用例描述

标题	说明
用例名称	学生选课中心
简要描述	学生在此模块进行选课
参与者	学生
前置条件	①选课轮次设置时间开始; ②选课课程管理中数据设置完成
基本事件流	①学生在此可以看到必修课和限选课、实践课、通知选修课几个模块,可通过检索课程进行选课,选中的课程在个人课表上显示; ②学生可查询自己的课表,不需要的课程可以选择退选
后置条件	学生选课的课程和退选的课程将在学生课表中同步显示

(七) 学分收费管理

1. 用例分析

《国家中长期教育改革和发展规划纲要(2010—2020 年)》中明确提出"深化教学改革,推进和完善学分制"。学分制收费成为高等院校收费改革的发展方向。根据目前我国高校的实际需求,该模块应包括学生学分管理、收费参数设置、学生收费汇总及学生收费查询四个子功能。学生学分管理是对每学期每个学生所修读的学分情况进行管理,为统计学生费用提供基础数据。收费参数设置是设置收费的项目及收费的标准等参数。学生收费汇总是根据学生所修学分及收费计算方法统计出每个学生的缴费情况,并生成报表。学生收费查询是供教务管理员和学院教务管理员查询所有学生各学期所需缴费的情况,以及学生查询自己各学期所需缴费的情况。学分收费管理用例如图 2.15 所示。

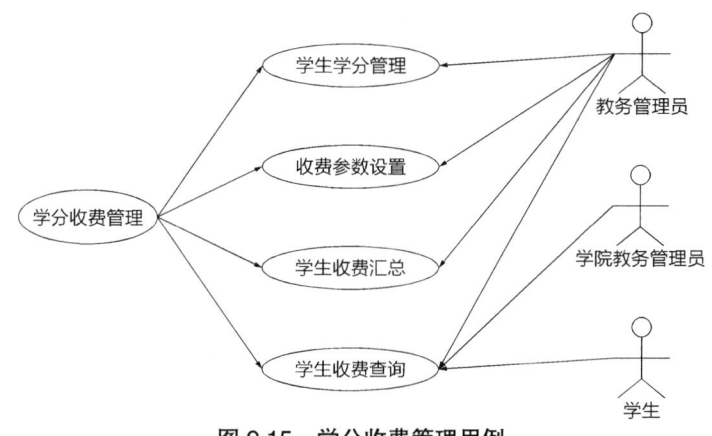

图 2.15 学分收费管理用例

2. 用例描述

学分收费管理模块包含学生学分管理、收费参数设置、学生收费汇总、学生收费查询四个子功能,其用例描述如表 2.35~ 表 2.38 所示。

表 2.35 "学生学分管理"用例描述

标题	说明
用例名称	学生学分管理
简要描述	生成每学期每个学生所修读的学分情况列表,并对其进行管理
参与者	教务管理员
前置条件	学生选课结束
基本事件流	①按学期生成学生总学分列表。包含学生姓名、学号、所属学院、所修总学分等。点击总学分可显示总学分明细表; ②可对学生总学分列表数据进行维护修改
后置条件	操作完成后保存并退出

表 2.36 "收费参数设置"用例描述

标题	说明
用例名称	收费参数设置
简要描述	设置学分制收费的项目及收费标准等参数
参与者	教务管理员
前置条件	进入"学分收费管理—收费参数设置"
基本事件流	①设置收费项目； ②设置各项目的收费标准
后置条件	设置的参数将控制"学生收费汇总"中的计算方法

表 2.37 "学生收费汇总"用例描述

标题	说明
用例名称	学生收费汇总
简要描述	根据学生所修学分及收费计算方法统计出每个学生的缴费情况
参与者	教务管理员
前置条件	①"学生学分管理"中维护好每个学生的总学分； ②"收费参数设置"中设置好费用计算方法
基本事件流	①点击"统计"后，可选择时间段，统计在设定时间段内学生需缴费用。按学号生成学生费用列表； ②可导出，打印
后置条件	统计好的数据可在"学生收费查询"中进行查询

表 2.38 "学生收费查询"用例描述

标题	说明
用例名称	学生收费查询
简要描述	查询学生各学期所需缴费情况
参与者	教务管理员、学院教务管理员、学生
前置条件	进入"学分收费管理—学生收费查询"
基本事件流	①教务管理员和学院教务管理员可查询所有学生各学期所需缴费情况； ②学生可查询自己各学期所需缴费情况
后置条件	操作完成后退出

（八）考务管理

1. 用例分析

考务管理是管理和安排考试的模块。根据各高校的实际情况，考试类型包括期中考试、期末考试、缓考、补考等。无论是哪种考试，其安排方法都是先进行参数设置，再转入考试课程，然后对考试课程进行维护处理，最后进行场次、时间及地点的安排。因此，考务管理模块应包含排考参数设置、排考数据管理、自动排考管理、考试安排管理及考试安排查询五个子功能。排考参数设置主要是设置考试类型、考试起始日期、各场次起始时间、每场次最大课程数等，为排考做好准备。排考数据管理是对需要安排考试的课程进行维护和处理，哪些课程需要安排考试，哪些课程不需要安排考试，可以在这里进行设置，并且对考场有特殊要求的一些课程，也可以在这里进行设置。自动排考管理是根据设置好的参数，自动安排考试场次、时间和地点，可显示进度条，包括总课程数、已安排课程数、未安排课程数等。考试安排管理的功能是在自动排考完成后对已安排的考试场次、时间及地点进行修改，对漏排的课程手动增加场次、时间及地点。考试安排查询的功能是考试安排完成后教职工查询监考场次、学生查询考试安排的模块。考务管理用例如图 2.16 所示。

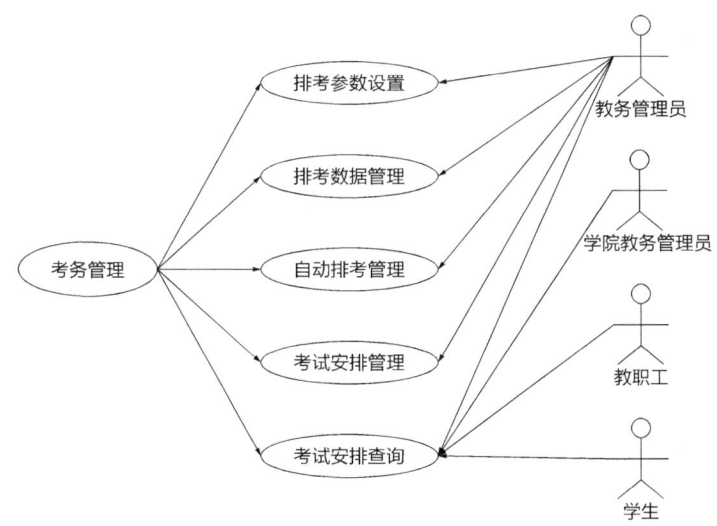

图 2.16　考务管理用例

2. 用例描述

考务管理模块包含排考参数设置、排考数据管理、自动排考管理、考试安排管理及考试安排查询五个子功能，其用例描述如表 2.39~ 表 2.43 所示：

表 2.39 "排考参数设置"用例描述

标题	说明
用例名称	排考参数设置
简要描述	对每一次考试的基本参数进行设置
参与者	教务管理员
前置条件	进入"考务管理—排考参数设置"
基本事件流	①增加考试类型，例如期中考试、期末考试等； ②设置考试时间，包括考试起始日期、每天各场次起始时间； ③设置考试基本参数，包括每场次最大课程数、每考场最大班级数、每考场最大课程数等
后置条件	排考参数设置后对"自动排考管理"及"考试安排管理"进行控制

表 2.40 "排考数据管理"用例描述

标题	说明
用例名称	排考数据管理
简要描述	转入考试课程并进行维护、设置
参与者	教务管理员
前置条件	学生选课结束，学生选课表已固定，不再更改
基本事件流	①转入"选课课程管理"中选课人数不为零的课程； ②随堂考试或学院自行安排考试的课程标记为"不安排考试"，需要教务部统一安排考试的课程标记为"需安排考试"； ③检索需要安排考试的课程，可设置考场所在教室或教学楼
后置条件	操作完成后保存并退出

表 2.41 "自动排考管理"用例描述

标题	说明
用例名称	自动排考管理
简要描述	自动安排考试时间和地点

续表

标题	说明
参与者	教务管理员
前置条件	①"排考参数设置"中设置好各排考参数； ②"排考数据管理"中设置好需要排考的课程及教室或教学楼； ③"基础资源管理—教室资源管理"中维护好教室资源，主要包括教室的考试座位数
基本事件流	①对"排考数据管理"中需要安排考试的课程进行分考场，自动编排考场的时间和地点； ②显示进度条，包括总课程数、已安排课程数、未安排课程数等
后置条件	①将自动划分的考场及编排的考试时间和地点写入"考试安排管理"中 ②自动编排完成的课程在"排考数据管理"中标记为"已排"，自动编排无法安排的课程标记为"未排"

表 2.42 "考试安排管理"用例描述

标题	说明
用例名称	考试安排管理
简要描述	对需要安排考试的课程的场次、时间及地点进行维护
参与者	教务管理员
前置条件	"自动排考管理"中自动排考完成
基本事件流	①对已安排的考试场次、时间及地点进行修改； ②对漏排的课程手动增加场次、时间及地点； ③所有考试安排完成，检查无误后可发布考试信息
后置条件	考试信息发布后可在"考试安排查询"中进行查询

表 2.43 "考试安排查询"用例描述

标题	说明
用例名称	考试安排查询
简要描述	对考试安排相关信息进行查询
参与者	学院教务管理员、教职工、学生
前置条件	"考试安排管理"中的考试安排完成并发布
基本事件流	①二级子用例一：教职工可查询各自的监考信息； ②二级子用例二：学生可查询各自的考试安排信息

续表

标题	说明
后置条件	操作完成后退出

（九）成绩管理

1. 用例分析

成绩管理模块的主要功能是对各学期的考试成绩进行录入、管理、维护及查询。成绩管理工作是高校教务管理工作中至关重要的环节，不可随意增加、删除或者修改，因此对于权限的划分必须非常严格，只有教务管理员才有管理和维护成绩的权限，其他人只能查询。成绩管理模块应包含成绩录入控制、成绩录入管理、成绩总库管理及成绩查询四个功能。成绩录入控制是对成绩录入的类别、起始时间、成绩包含的项目等成绩录入参数进行设置，控制成绩录入管理的功能。成绩录入管理是教务管理员对成绩录入数据进行管理和维护，任课教师在成绩录入控制时间内自行录入成绩。成绩总库管理是教务管理员对学生的总成绩、成绩的课程属性、学时、学分等进行维护。成绩查询是查询学生成绩、班级成绩排名、专业成绩排名等。成绩管理用例如图 2.17 所示。

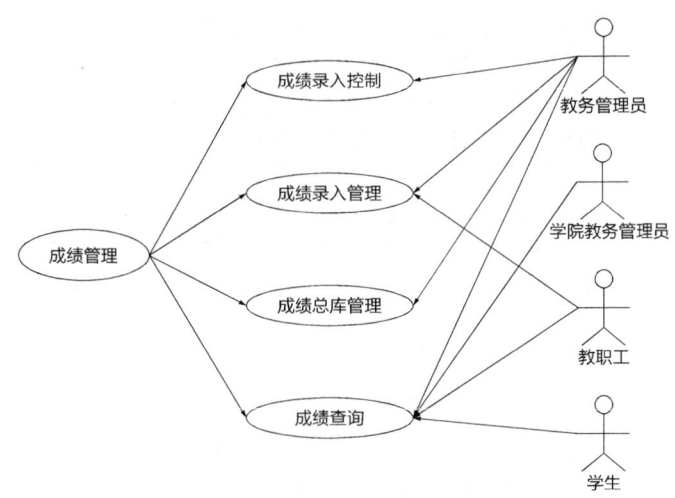

图 2.17　成绩管理用例

2. 用例描述

成绩管理模块包含成绩录入控制、成绩录入管理、成绩总库管理、成绩查询四个子功能，其用例描述如表 2.44~ 表 2.47 所示。

表 2.44 "成绩录入控制"用例描述

标题	说明
用例名称	成绩录入控制
简要描述	设置成绩录入的基本参数
参与者	教务管理员
前置条件	进入"成绩管理—成绩录入控制"界面
基本事件流	①设置成绩录入的类别、成绩录入起始时间； ②设置成绩包含的项目，包括平时成绩、期中成绩、期末成绩等； ③设置成绩范围、成绩比例范围、成绩小数位等
后置条件	设置好的参数对成绩录入进行控制

表 2.45 "成绩录入管理"用例描述

标题	说明
用例名称	成绩录入管理
简要描述	教务管理员对成绩录入数据进行管理，任课教师可自行录入成绩
参与者	教务管理员、教职工
前置条件	选课结果已确定
基本事件流	①根据成绩项目，按课程、学生名单导入"选课课程管理"中选课人数不为零的课程； ②可设置平时成绩、期中成绩、期末成绩所占比例； ③录入平时成绩、期中成绩、期末成绩，系统根据设置的比例自动计算总成绩； ④可定时自动保存录入的成绩； ⑤成绩录入全部完成后可提交，提交后的成绩不可修改；若需修改则需要教务管理员撤销该课堂的成绩录入
后置条件	提交后的成绩数据将进入"成绩总库管理"及"成绩查询"数据列表中

表 2.46 "成绩总库管理"用例描述

标题	说明
用例名称	成绩总库管理
简要描述	对学生成绩进行维护，包括总成绩、课程属性、学时、学分等
参与者	教务管理员
前置条件	学期成绩录入完成并提交
基本事件流	可通过检索学年学期、所属学院、专业、班级等信息查询学生成绩，并对成绩列表数据进行维护，包括总成绩、课程属性、学时、学分等
后置条件	修改的数据在成绩总库列表中更新

表 2.47 "成绩查询"用例描述

标题	说明
用例名称	成绩查询
简要描述	查询学生成绩、班级成绩排名、专业成绩排名等
参与者	教务管理员、学院教务管理员、教职工、学生
前置条件	学期成绩录入完成并提交
基本事件流	①可按学号、班级、专业查询学生成绩，导出学生个人成绩单； ②按班级查询学生班级排名； ③按专业查询学生专业排名
后置条件	操作完成后退出

（十） 教材管理

1. 用例分析

教材的管理与选用对于高校教学管理与教学质量的提高也是至关重要的。教师如何选用教材，如何管理教师选用教材及如何对教材的种类、数量进行汇总统计，都是该模块需要解决的问题。因此教材管理模块应包括教材选用申请、教材选用审核、教材目录管理、教材计划管理、教材采购管理、教材发放管理、学生教材结算七个功能。教材选用申请是提交教材选用书籍的申请，一般由学院教务管理员或教职工提交。教材选用审核是对提交的教材选用申请进行审核，一般由教务管理员进行审核。教材目录管理是管理选用教材的各种数据，包括教材名称、教材编号、ISBN 书号、教材项目、作者、版次、出版社、是否可用等。教材计划管理是管理各学期所开课程选用教材的情况,对是否需要教材、需要什么教材进行管理。教材采购管理是生成教材采购清单,并对清单列表中的数据进行维护修改。教材发放管理是生成教材发放清单,并对清单列表中的数据进行维护修改。学生教材结算是统计学生所需教材的总费用,并可进行查询。教材管理用例如图 2.18 所示。

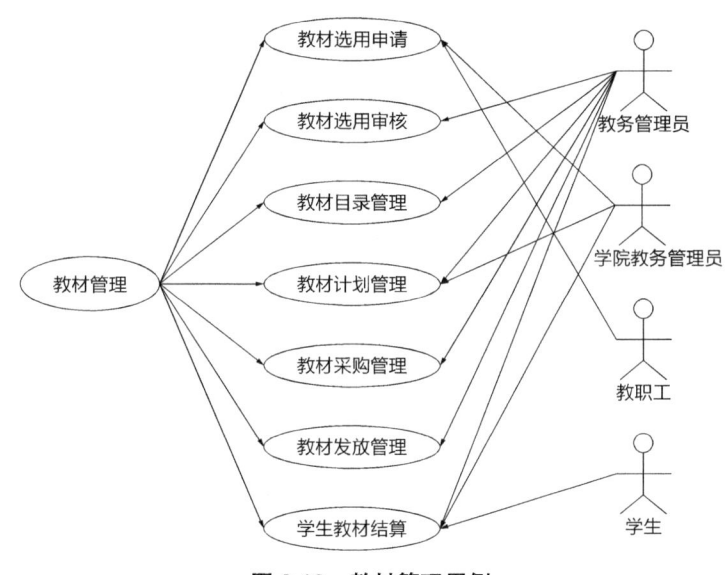

图 2.18 教材管理用例

2. 用例描述

教材管理模块包括教材选用申请、教材选用审核、教材目录管理、教材计划管理、教材采购管理、教材发放管理、学生教材结算七个子功能。其用例描述如表 2.48~ 表 2.54 所示。

表 2.48 "教材选用申请"用例描述

标题	说明
用例名称	教材选用申请
简要描述	学院教务管理员和教职工可申请教材选用书籍

续表

标题	说明
参与者	学院教务管理员、教职工
前置条件	进入"教务管理—教材选用申请"
基本事件流	①申请教材选用书籍，包括书名、ISBN 号、教材项目、作者、版次、出版社等； ②可查看审核状态，包括"待审核""审核通过""审核不通过"
后置条件	申请提交后显示在"教材选用审核"列表中

表 2.49 "教材选用审核"用例描述

标题	说明
用例名称	教材选用审核
简要描述	对学院教务管理员和教职工提交的教材选用申请进行审核
参与者	教务管理员
前置条件	学院教务管理员和教职工提交教材选用申请
基本事件流	根据学院管理规则对教材选用申请进行审核。可选择"审核通过"或"审核不通过"，可填写原因
后置条件	审核通过的数据进入"教材目录管理"列表中，并更新"教材选用申请"列表中该申请的审核状态标识为"审核通过"，并显示原因；审核不通过的数据，更新"教材选用申请"列表中该申请的审核状态标识为"审核不通过"，并显示原因

表 2.50 "教材目录管理"用例描述

标题	说明
用例名称	教材目录管理
简要描述	管理选用教材的各种数据
参与者	教务管理员
前置条件	进入"教务管理—教材目录管理"
基本事件流	①可增加或删除教材选用目录列表中的数据； ②可对教材选用目录列表中的数据进行修改，包括教材名称、教材编号、ISBN 书号、教材项目、作者、版次、出版社、是否可用等
后置条件	教材目录管理列表中的教材可供"教材计划管理"中选择

表 2.51 "教材计划管理"用例描述

标题	说明
用例名称	教材计划管理
简要描述	管理各学期所开课程选用教材的情况
参与者	教务管理员、学院教务管理员
前置条件	①选课轮次结束，学生选课名单已确定； ②教材目录维护完成
基本事件流	①按课堂转入课程选课数据，包括开设课程的课程号、课程名、任课教师、选课人数； ②对每个课堂是否需要教材、需要教材的选用什么教材进行维护
后置条件	为"教材采购管理"提供数据

表 2.52 "教材采购管理"用例描述

标题	说明
用例名称	教材采购管理
简要描述	生成教材采购清单，并进行维护
参与者	教务管理员
前置条件	"教材计划管理"中课堂选用教材情况维护完成
基本事件流	①点击"转入"，选择学年学期，按教材生成教材采购清单，包括教材编号、教材名称、ISBN 书号、教材项目、作者、版次、出版社、教材单价及所需教材数量； ②对教材采购清单列表中的数据进行维护修改
后置条件	为"教材发放管理"提供数据

表 2.53 "教材发放管理"用例描述

标题	说明
用例名称	教材发放管理
简要描述	生成教材发放清单，并进行维护
参与者	教务管理员
前置条件	"教材计划管理"中课堂选用教材情况维护完成

续表

标题	说明
基本事件流	①点击"转入",选择学年学期,按班级生成班级所需教材清单,包括班级名称、班级人数、所属专业、所属学院、所需教材编号、教材名称、ISBN 书号、教材项目、作者、版次、出版社、教材数量; ②对教材发放清单列表中的数据进行维护修改
后置条件	为"学生教材结算"提供数据

表 2.54 "学生教材结算"用例描述

标题	说明
用例名称	学生教材结算
简要描述	统计及查询学生所需教材的总费用
参与者	教务管理员、学院教务管理员、学生
前置条件	"教材发放管理"中的数据维护完成
基本事件流	①统计学生所需教材的总费用。选择学年学期,点击"统计",按学生学号统计学生所需教材的总费用,可查看教材总费用的明细(包括学生所需教材清单,教材单价等); ②查询学生所需教材的总费用。学院教务管理员及学生可查询学生所需教材的总费用
后置条件	操作完成后保存并退出

(十一) 学籍管理

1. 用例分析

学生的学籍数据是系统中学生数据的基础,是非常重要的教务管理模块。只有学籍数据维护正确了,学生的账号信息、选课数据才能准确。学籍管理模块应包含学籍信息管理、学籍异动申请、学籍异动审核三个功能。学籍信息管理是对学生的学籍基础信息进行管理。学籍异动申请功能可供转专业、休学、复学、延长学制等学籍需要变动的学生提交学籍异动申请。学籍异动审核是对学籍异动申请进行审核。学籍管理用例如图 2.19 所示。

第二章 教务管理系统需求分析

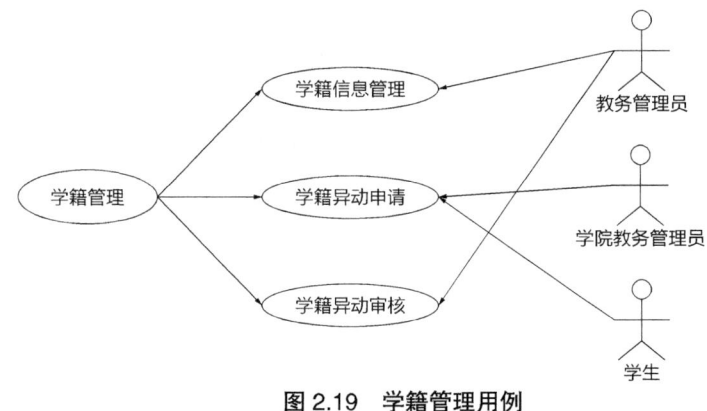

图 2.19 学籍管理用例

2. 用例描述

学籍管理模块包括学籍信息管理、学籍异动申请和学籍异动审核三个子功能，其用例描述如表 2.55～表 2.57 所示。

表 2.55 "学籍信息管理"用例描述

标题	说明
用例名称	学籍信息管理
简要描述	管理和维护学生的学籍信息
参与者	教务管理员
前置条件	"基础资源管理"中的院系单位信息、班级信息、专业信息维护完成
基本事件流	①增加、导入或删除学生的学籍信息； ②对学生学籍信息进行管理，包括学生姓名、学号、性别、出生日期、入学年份、班级、专业、院系、学籍状态等
后置条件	①学生学籍信息维护完成后，"系统管理—系统用户管理—学生账号"中可生成学生账号 ②"基础资源管理—班级管理"中的班级人数会同步更新

表 2.56 "学籍异动申请"用例描述

标题	说明
用例名称	学籍异动申请
简要描述	转专业、休学、复学、延长学制等学籍需要变动的学生可申请学籍异动
参与者	学院教务管理员、学生

47

续表

标题	说明
前置条件	学生在系统里已有学籍信息
基本事件流	①学院教务管理员和学生可申请学籍异动，需填写原班级、异动后班级、异动原因、异动文号等； ②可查看审核状态，包括"待审核""审核通过""审核不通过"
后置条件	学生异动申请提交后进入"学籍异动审核"列表中待审核

表 2.57 "学籍异动审核"用例描述

标题	说明
用例名称	学籍异动审核
简要描述	对学籍异动申请进行审核
参与者	教务管理员
前置条件	学院教务管理员或学生提交了学籍异动申请
基本事件流	对学籍异动申请进行审核，审核通过或审核不通过
后置条件	"审核通过"将直接更新"学籍信息管理"列表中的数据，并更新"学籍异动申请"列表中审核状态为"通过"。"审核不通过"将更新"学籍异动申请"列表中审核状态为"不通过"

（十二）毕业管理

1. 用例分析

毕业管理模块是给毕业年级学生做毕业审核及管理毕业生信息的模块。学生可以通过该模块查询自己的学习完成情况，了解自己修了哪些课程，还需要修哪些课程。管理员可以通过该模块为学生做毕业审核，查询毕业学生的信息。因此该模块应包括学习完成情况、毕业届别管理、毕业专业管理、学分要求管理、毕业资格审查、毕业学生信息六个子功能。学习完成情况是供学生和管理员查看学生课程修读情况的子模块；毕业届别管理是对毕业界别、毕业审核时间进行维护和管理；毕业专业管理是设置可毕业专业，并对毕业专业进行维护和管理；学分要求管理是对各专业毕业所需要的学分进行维护和管理；毕业资格审查是对学生是否按照培养方案完成所有课程的修读情况进行审查；毕业学生信息是供管理员查看每一届毕业学生的信息。毕业管理用例如图 2.20 所示。

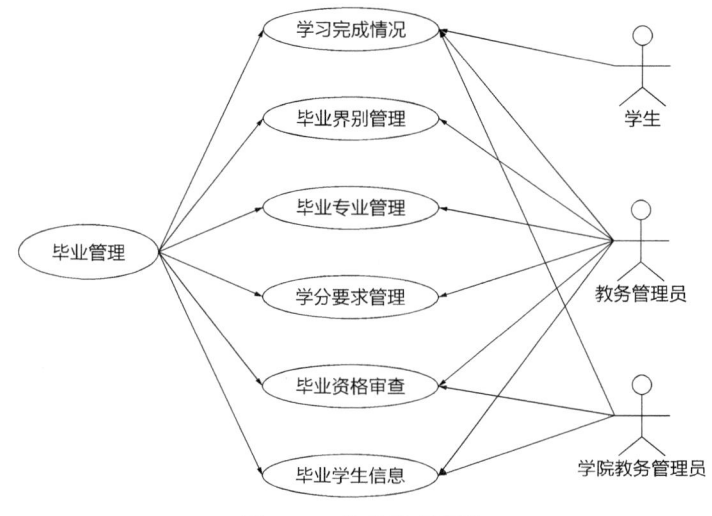

图 2.20　毕业管理用例

2. 用例描述

毕业管理模块包括学习完成情况、毕业届别管理、毕业专业管理、学分要求管理、毕业资格审查、毕业学生信息六个子功能，其用例描述如表 2.58~表 2.63 所示。

表 2.58　"学习完成情况"用例描述

标题	说明
用例名称	学习完成情况
简要描述	查询学生的学习完成情况，并提醒学生
参与者	教务管理员、学院教务管理员、学生
前置条件	"成绩总库管理"列表中有学生成绩数据
基本事件流	①按学号查看学生的课程修读情况； ②学生的课程修读情况是根据培养方案及学生已修课程来显示的，包括各模块应修学分、已修学分、还差多少学分
后置条件	查看完成后退出

表 2.59 "毕业届别管理"用例描述

标题	说明
用例名称	毕业届别管理
简要描述	对毕业年级、毕业审核时间进行管理
参与者	教务管理员
前置条件	进入"毕业管理—毕业界别管理"
基本事件流	①增加毕业年级； ②设置毕业年级的毕业审核起始时间、是否当前届别、学生是否可查等
后置条件	毕业审核起始时间、当前年级、学生是否可查等设置对"毕业资格审查"中的操作进行控制

表 2.60 "毕业专业管理"用例描述

标题	说明
用例名称	毕业专业管理
简要描述	设置毕业专业
参与者	教务管理员
前置条件	①"基础资源管理—专业管理"中的专业数据维护完成； ②各年级专业培养方案维护完成
基本事件流	按毕业届别设置可毕业的专业，显示在列表清单中
后置条件	对"毕业资格审查"中的操作进行控制

表 2.61 "学分要求管理"用例描述

标题	说明
用例名称	学分要求管理
简要描述	对各专业毕业所需要的学分进行维护和管理
参与者	教务管理员
前置条件	"培养方案体系设置"中各专业的学分要求设置完成
基本事件流	①根据"培养方案体系设置"中设置的各专业的学分要求，按年级专业统计各专业毕业所需修读的学分情况，生成专业学分要求列表列表中包括专业名称、应修总学分及各体系结构模块所需修读学分； ②可对各专业应修总学分及各体系结构模块所需修读学分进行修改
后置条件	"毕业资格审查"中进行审查时根据这里设置的学分要求进行审查

表 2.62 "毕业资格审查"用例描述

标题	说明
用例名称	毕业资格审查
简要描述	对学生是否按照培养方案完成所有课程的修读情况进行审查
参与者	教务管理员、学院教务管理员
前置条件	"学分要求管理"中设置好各专业毕业要求的学分
基本事件流	①根据学生已修课程的情况及专业学分要求进行毕业资格审查，审查结果显示在列表清单中，包括学生姓名、学号、班级、专业、审查结果、审查结论等； ②毕业审查结果可打印、可导出
后置条件	毕业审查通过的学生名单显示在"毕业学生信息"列表中

表 2.63 "毕业学生信息"用例描述

标题	说明
用例名称	毕业学生信息
简要描述	查看每一届毕业学生的信息
参与者	教务管理员、学院教务管理员
前置条件	毕业资格审查完成
基本事件流	查看、导出毕业学生信息，包括学生姓名、学号、班级、专业、已修学分、毕业证号等
后置条件	操作完成后退出

（十三） 教学评价管理

1. 用例分析

教学评价是对任课教师上课情况的评价，教务管理员设置好评价参数、评价课程数据、评价指标等，学生可在此模块对自己所修课程的任课教师进行评价，评价完成后再由教务管理员对评价数据进行处理。因此该模块应包括评价课程类别、评价类型管理、评价轮次管理、评价指标管理、评价数据管理、学生评价信息、评价统计查询、学生评价中心八个子功能。评价课程类别是将评价的课程划分成不同的类别进行评价，例如理论课程类别、实践课程类别等。评价类型管理可设置课程评价的类型，包括客观评价、主观评价等。评价轮次管理可设置评价的轮次及评价的各种参数。评价指标管理是设置课程评价的各项指标及各项指标的具体评价问题，评价指标包括课堂教学质量评价指标、课堂活动评价指标、课后指导评价指标、作业批改评价指标等。评价数据管理是要转入需要参评的课程数据并对其进行维护。学生评价信息是在学生评价结束后按学生学号生成学生评价的详细信息清单，可供查看。评价统计查询可按教师或课堂汇总统计评价结果，生成评价结果清单供查看。学生评价中心是学生进行评价的模块。教学评价管理用例如图2.21所示。

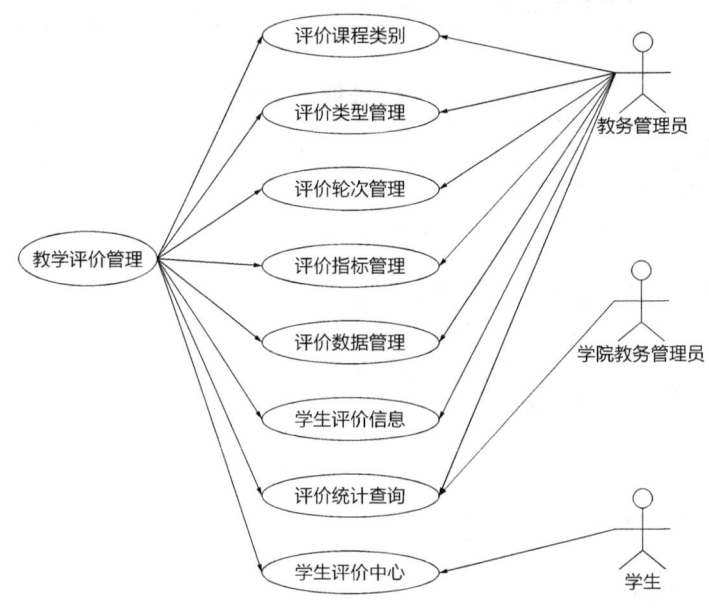

图 2.21　教学评价管理用例

2. 用例描述

教学评价管理模块包括评价课程类别、评价类型管理、评价轮次管理、评价指标管理、评价数据管理、学生评价信息、评价统计查询、学生评价中心八个子功能，其用例描述如表2.64~表2.71所示。

第二章 教务管理系统需求分析

表 2.64 "评价课程类别"用例描述

标题	说明
用例名称	评价课程类别
简要描述	设置评价课程的类别
参与者	教务管理员
前置条件	进入"教学评价管理—评价课程类别"
基本事件流	①可增加评价课程的类别,如理论课程类别、实践课程类别、班级导师类别等; ②可对评价类别名称进行修改
后置条件	这里设置的评价课程类别对"评价轮次管理""评价指标管理""评价数据管理"等中的课程类别进行控制

表 2.65 "评价类型管理"用例描述

标题	说明
用例名称	评价类型管理
简要描述	设置课程评价的类型
参与者	教务管理员
前置条件	进入"教学评价管理—评价类型管理"
基本事件流	①可设置课程评价的类型,包括客观评价、主观评价等; ②可对课程评价的类型进行修改
后置条件	这里设置的课程评价的类型对"评价指标管理""评价数据管理"等中的课程评价类型进行控制

表 2.66 "评价轮次管理"用例描述

标题	说明
用例名称	评价轮次管理
简要描述	设置评价的轮次及评价的各种参数
参与者	教务管理员
前置条件	评价课程类别及课程评价类型设置完成
基本事件流	①设置课程评价的轮次,包括轮次名称、评价类别、评价类型、学生评价时间、教师可查看评价结果的时间、评价总分、评价方式等; ②可对课程评价轮次的各参数进行修改
后置条件	"对评价指标管理""评价数据管理""学生评价信息""评价统计查询""学生评价中心"中的轮次进行控制

表 2.67 "评价指标管理"用例描述

标题	说明
用例名称	评价指标管理
简要描述	设置课程的评价指标
参与者	教务管理员
前置条件	评价课程类别及课程评价类型设置完成
基本事件流	①设置一级评价指标。包括课堂教学质量评价指标、课堂活动评价指标、课后指导评价指标、作业批改评价指标等； ②对一级评价指标设置详细的二级评价指标。可以是答题方式，设置选择题目：课堂讲授是否熟练、表达是否流畅等；并设置答题选项：完全符合、符合、基本符合、不符合及不同选项对应的得分
后置条件	学生评价及评价结果的处理都是按照这个评价指标进行的

表 2.68 "评价数据管理"用例描述

标题	说明
用例名称	评价数据管理
简要描述	对需要参评的课程数据进行管理
参与者	教务管理员
前置条件	①学生选课结束，所有课程数据及选课数据已确定 ②评价课程类别及评价轮次设置完成
基本事件流	①选择评价课程类别及评价轮次，转入相关需要参评的课程数据。生成评价课程列表，包括课程号、课程名、任课教师、选课人数、参评人数、参评率、平均分等； ②点击"参评人数"可显示参评学生列表，可查看学生评教明细
后置条件	"学生评价信息""评价统计查询""评价结果查询"及"学生评价中心"中的课程数据都是在评价的课程数据基础上进行的

表 2.69 "学生评价信息"用例描述

标题	说明
用例名称	学生评价信息
简要描述	查看学生评价的信息
参与者	教务管理员
前置条件	学生评价结束

续表

标题	说明
基本事件流	①学生评价结束后生成学生评价信息清单,包括学生姓名、学号、班级、所在学院、评价课程、评价老师、总评分数等; ②可查看学生评价明细
后置条件	查看完成后退出

表 2.70 "评价统计查询"用例描述

标题	说明
用例名称	评价统计查询
简要描述	汇总统计评价情况
参与者	教务管理员、学院教务管理员
前置条件	学生课程评价结束
基本事件流	①按教师汇总统计评价结果,生成统计清单,包括任课教师、所属单位、平均分、参评率、学院排名、全校排名; ②按课堂汇总统计评价结果,生成统计清单,包括课程名、课程号、课序号、任课教师、平均分、参评率、学院排名、全校排名
后置条件	查看完成后退出

表 2.71 "学生评价中心"用例描述

标题	说明
用例名称	学生评价中心
简要描述	学生在此模块进行课堂评价
参与者	学生
前置条件	评价数据管理中数据处理完成
基本事件流	学生在此可以看到自己所选的课程,可对每门课程进行评价
后置条件	评价完成后退出

(十四) 日常运行管理

1. 用例分析

日常运行管理模块主要包含教室借用、教师调停课及工作量的核算三大功能。教室借用包括教室借用管理、教室借用申请、教室借用审核及教室借用记录四个子功能。教室借用管理是对教室借用的相关数据进行设置与管理，包括控制教室借用的时间及设置教室是否开放借用等；教室借用申请是供教职工、学生提交教室借用申请；教室借用审核是教务管理员审核教室借用的申请；教室借用记录是记录所有用户借用教室的信息。教师调停课包括教师调课管理、教师调课申请、教师调课审核及教师调课记录四个子功能。教师调课管理是对教师调课的时间、类型等进行管理；教师调课申请是供教师提交调课申请；教师调课审核是教务管理员审核教师提交的调课申请；教师调课记录是记录所有教师调课的信息。工作量的核算应包括教师工作量管理、工作量算法设置、工作量汇总统计、教师工作量查询四个子功能。教师工作量管理是对教师要计算工作量的课程数据进行管理；工作量算法设置是对工作量计算的参数及算法进行设置；工作量汇总统计是汇总统计教师工作量并生成报表；教师工作量查询是任课教师查询自己的工作量。日常运行管理用例如图 2.22 所示。

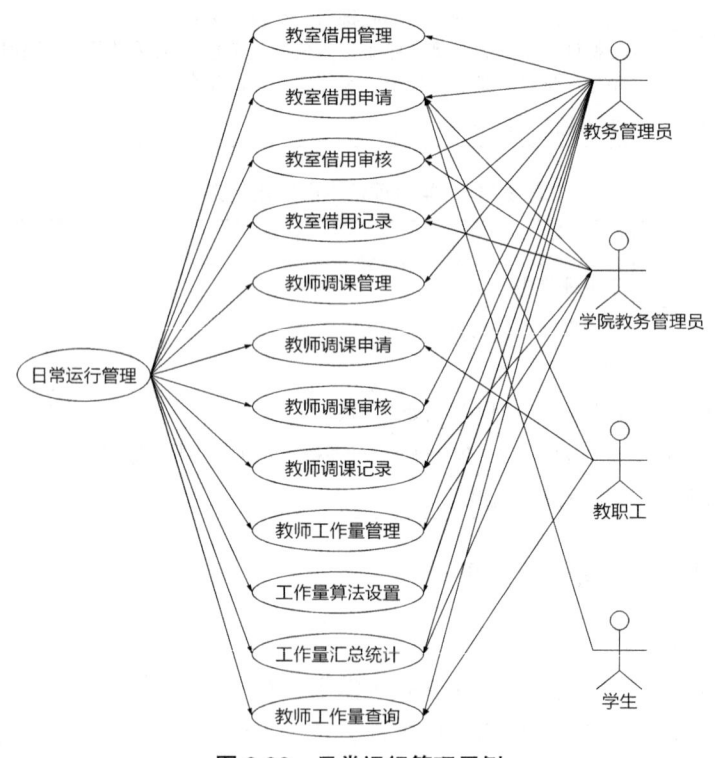

图 2.22　日常运行管理用例

2. 用例描述

日常运行管理模块包括教室借用管理、教室借用申请、教室借用审核、教室借用记录、教师调课管理、教师调课申请、教师调课审核、教师调课记录、教师工作量管理、工作量算法设置、工作量汇总统计、教师工作量查询十二个子功能，其用例描述如表 2.72~ 表 2.83 所示。

表 2.72 "教室借用管理"用例描述

标题	说明
用例名称	教室借用管理
简要描述	教室借用相关数据的设置与管理
参与者	教务管理员
前置条件	"基础资源管理—教室资源管理"中的教室资源维护完成
基本事件流	①设置教室借用的起始时间，以及最多能借用未来多长时间的教室；②可设置教室是否可以借用，可锁定教室的某个时间点不允许借用
后置条件	这里的设置将控制"教室借用申请"中的操作

表 2.73 "教室借用申请"用例描述

标题	说明
用例名称	教室借用申请
简要描述	提交教室借用申请
参与者	教务管理员、学院教务管理员、教职工、学生
前置条件	"教室借用管理"中数据设置完成
基本事件流	①选择需要借用的教室，填写好要借用的时间、周次，提交借用申请；②可查看审核状态，包括"待审核""审核通过""审核不通过"
后置条件	教室借用申请提交后进入"教室借用审核"中，并将该时间段教室锁定，其他用户无法借用

表 2.74 "教室借用审核"用例描述

标题	说明
用例名称	教室借用审核
简要描述	对提交的教室借用申请进行审核
参与者	教务管理员、学院教务管理员

续表

标题	说明
前置条件	教室借用申请已提交
基本事件流	根据学院管理规则对教室借用申请进行审核。可选择"审核通过"或"审核不通过",可填写原因。审核完成的数据将在审核列表中删除
后置条件	"审核通过"将更新"教室借用申请"列表中审核状态为"通过"。"审核不通过"将更新"教室借用申请"列表中审核状态为"不通过",并解锁该时间段的教室借用

表 2.75 "教室借用记录"用例描述

标题	说明
用例名称	教室借用记录
简要描述	记录所有教室借用的信息
参与者	教务管理员、学院教务管理员
前置条件	教室借用申请提交
基本事件流	所有教室借用的记录显示在清单列表中,包括借用教室、借用时间、借用人、借用事由、审核情况等
后置条件	操作完成后保存并退出

表 2.76 "教师调课管理"用例描述

标题	说明
用例名称	教师调课管理
简要描述	对教师调课的时间、类型等进行管理
参与者	教务管理员
前置条件	进入"日常运行管理—教师调课管理"
基本事件流	设置教师申请调课的起始时间,以及可以申请的调课类型
后置条件	对"教师调课申请"中的操作进行控制

表 2.77 "教师调课申请"用例描述

标题	说明
用例名称	教师调课申请
简要描述	任课教师提交调课申请
参与者	教职工

续表

标题	说明
前置条件	"教师调课管理"中教师申请调课的起始时间设置完成
基本事件流	①任课教师进入"教师调课申请"中可以查询到当学期的课程,若在申请调课的控制时间内,则可对每个课堂申请调课; ②调课类型包括调整时间、停课、更换教师、更换教室; ③可查看审核状态,包括"待审核""审核通过""审核不通过"
后置条件	教师调课申请提交后进入"教师调课审核"中

表 2.78 "教师调课审核"用例描述

标题	说明
用例名称	教师调课审核
简要描述	对教师调课申请进行审核
参与者	教务管理员
前置条件	教师调课申请已提交
基本事件流	根据学院管理规则对教师调课申请进行审核。可选择"审核通过"或"审核不通过",可填写原因。审核完成的数据将在审核列表中删除
后置条件	"审核通过"将更新"教师调课申请"列表中审核状态为"通过",并更新教师课表。"审核不通过"将更新"教师调课申请"列表中审核状态为"不通过"

表 2.79 "教师调课记录"用例描述

标题	说明
用例名称	教师调课记录
简要描述	记录所有教师调课的信息
参与者	教务管理员、学院教务管理员
前置条件	教师调课申请提交
基本事件流	所有教师调课的记录显示在清单列表中,包括申请人、调整课程、调整周次、调整时间、调整教室、调整事由、审核情况等
后置条件	操作完成后保存并退出

表 2.80 "教师工作量管理"用例描述

标题	说明
用例名称	教师工作量管理
简要描述	对教师要计算工作量的课程数据进行管理
参与者	教务管理员、学院教务管理员
前置条件	教师课程安排结束
基本事件流	①首先设置工作量的计算除了按照课程学时计算以外，还包括哪些特殊课程类型。例如，双语课、新开课、实验课、慕课等； ②根据设置好的需要算入工作量的课程类型，按"选课管理—选课课程管理"中的课程数据生成每学期的工作量计算数据，包括课程名、课程号、任课教师名、课程学时、学分、选课人数、是否双语课、是否新开课、是否双实验课、是否双慕课等； ③可由学院教务管理员录入各学院教师所授课程的课程类型
后置条件	对"工作量算法设置"及"工作量汇总统计"中的操作进行控制

表 2.81 "工作量算法设置"用例描述

标题	说明
用例名称	工作量算法设置
简要描述	对工作量计算的参数及算法进行设置
参与者	教务管理员
前置条件	"教师工作量管理"中设置好课程类型
基本事件流	①设置不同课程类型的系数，例如双语课系数 1.5、新开课系数 1.2、实验课系数 1.5、慕课系数 1.5 等； ②设置工作量的计算公式。例如：教师工作量 = 学时 × 课堂系数 × 课程系数
后置条件	对"工作量汇总统计"中的统计算法进行控制

表 2.82 "工作量汇总统计"用例描述

标题	说明
用例名称	工作量汇总统计
简要描述	汇总统计教师工作量并生成报表
参与者	教务管理员、学院教务管理员

续表

标题	说明
前置条件	"教师工作量管理"中的数据维护正确,"工作量算法设置"中的数据设置完成
基本事件流	①根据教师工作量中的教师授课情况,按照"工作量算法设置"中设置的参数和算法,汇总统计教师工作量并生成报表,包括教师名、教工号、所授课程总学时、课堂系数、课程系数、总工作量等; ②统计完成的工作量可进行查询和导出
后置条件	操作完成后退出

表 2.83 "教师工作量查询"用例描述

标题	说明
用例名称	教师工作量查询
简要描述	查询教师工作量
参与者	教务管理员、教职工
前置条件	"工作量汇总统计"中统计完成
基本事件流	①可控制教师工作量查询开放或是关闭,开放状态下教师可在教师端查询自己的工作量,关闭状态不可查询; ②"工作量汇总统计"中教师工作量统计完成后,教师可查询自己的工作量
后置条件	操作完成后退出

四、 系统非功能性需求分析

前文进行了高校综合教务管理系统的功能性需求分析。功能性需求分析是系统设计的基础,然而随着系统数据量的增大,系统运行环境和操作人员的改变,系统的其他需求也随之而来,这些需求也同样重要,决定着用户的满意度。教务管理系统的这些非功能性需求主要包括系统的可用性、可靠性、可维护性、可扩展性和安全性等。现详细说明如下。

（一）可用性

本系统的主要用户包括系统管理人员、教务管理人员、教职工和学生。为满足不同用户的需求，系统界面设计应美观友好、简洁清晰，这样才能带来较好的用户体验；系统操作应简单灵活、可用性强，这样用户才能快速地修改或查找所需信息，从而提高教务管理系统的使用效率以及用户的满意度。

（二）可靠性

首先，要求系统能够保持稳定运行，并且在规定时间内的故障率低于某一阈值；其次，系统还应该具备一定的容错性，当用户操作不当时，无法进行下一步操作并给予友好的提示界面，使用户了解问题出现在哪里，应该如何正确操作；最后，系统还应该具有完善的数据备份和自动恢复机制，以应对各种可能发生的突发状况，一旦发生突发状况，系统可迅速启动数据恢复保障机制。

（三）可维护性

高校教务管理系统需要时刻运行来为师生提供各种服务。系统的可用性和可靠性在一定程度上可以保证系统的正常运行，但是在系统运行过程中，还是会出现一些问题，系统应该建立开发日志及文档，并对重要的数据进行备份，这样可以方便后续的维护，确保系统时刻保持正常运行。

（四）可扩展性

可扩展性是指系统应当易于添加新的功能以应对用户需求的改变。随着信息技术的高速发展，高校也面临着教学信息化改革，这就要求高校教务管理系统具有可扩展性，可以修改或者增加新的模块，来满足高校信息化改革的需求。系统设计中要尽可能使用统一的、可读性强的、面向接口的编程规范，当系统需要修改或者升级时，尽可能通过只修改部分模块来实现整个系统的升级和维护，从而确保整个系统的可扩展性。

（五）安全性

高校教务管理系统的数据库中存储着大量师生基础信息、学生选课及成绩等重要信息，一旦这些信息丢失，将会产生严重后果，因此在系统设计之初就应该考虑到系统的安全性。首先，用户登录系统必须通过身份认证，同时系统设计中还应采取相应的安全防护机制，从而对系统的相关数据和信息进行有效保证；其次，系统管理员应该可以进行权限设置，不同身份的用户设置不同的权限范围，只有经过授权的用户才能修改信息数据，从而保护数据的访问，阻止非法用户恶意盗取或者篡改系统数据；最后，系统还应使用防火墙等网络安全技术，防止各种黑客和病毒的入侵。

五、 系统可行性分析

在进行系统设计之前应该先对系统的可行性进行分析。对系统进行必要的论证，以确保系统的开发工作能够顺利展开。此次我们从技术可行性、经济可行性和操作可行性三个方面对教务管理系统作了全面的可行性分析。

（一） 技术可行性分析

本系统主要是使用 Java 和 Oracle 进行研究与设计的。目的是开发出的系统具有能完好储存各项信息的功能，能从数据库中根据用户输入条件查找和显示数据的功能。对于一个高校教务管理系统来说，需要考虑的主要技术在于两点：系统的稳定性及数据的安全性。如今正是互联网高速发展的信息时代，现有的大多数 Java Web 应用已足够支持上万级别的"高并发"请求，系统的稳定性拥有较高的保障；现有的数据库技术也已经非常成熟，使用 Oracle 存储数据能有效保证数据的安全性，Oracle 数据库在安全性能方面曾获得 ISO 的标准认证，归功于其强大的故障恢复和数据加密能力。因此，设计基于 Java 和 Oracle 平台的教务管理系统在技术上完全可行。

（二）经济可行性分析

从硬件上来看，系统对硬件资源的要求不高，只需部署相应的服务器即可。从软件上来看，开发高校教务管理系统的成本主要集中在对高校需求的收集与理解及软件的购置，需求分析人员要对高校实际情况有一个较为全面的了解，围绕教学资源管理、课程安排管理等多方面的业务层次进行总体设计与规划，才能进行定制化的系统开发。一旦高校拥有完善的教务管理系统，就能大大减少传统教务管理所需的人力和时间成本，可有效规范教学信息，为师生提供科学、高效的信息管理和查询平台，从长远角度来说具有非常显著的经济效益。因此，开发教务管理系统在经济上完全可行。

（三）操作可行性分析

目前，大学校园网络基本覆盖了教学区和学生生活区，从而满足各学院、各职能部门及各直属单位的上网需求，学校良好的网络设施为开发使用教务管理系统提供了坚实基础，同时可以大大提高教务管理工作的效率。另外，高校教职工都要求具有一定的计算机操作能力，会使用各种常用软件，熟悉 IT 产品。所以只要对相关人员进行简单的培训，掌握本系统的功能和使用方法，基本上就能够操作该系统。

第三章 高校教务管理系统设计

一、教务管理系统设计的原则及目标

系统设计是在系统需求分析的基础上，采用软件工程的设计理论，最大可能地对系统的功能需求和非功能需求、系统架构等进行详细的设计。高校教务管理系统是一个综合型的复杂管理系统，需要大量用户来实践体验，因此需要具备友好的人机交互界面以便于使用，并且出于对系统敏感性和安全性的考虑，需要进行登录验证来验证用户基本信息。结合高等院校教务管理模式，在设计的过程中，应遵循以下原则。

1.经济性

系统设计应以简洁为主，避免过于复杂，不盲目追求硬件高配置，保障实用性。在满足功能的情况下，最大程度地减少系统在开发过程中的成本，能够最大限度地利用已有的设备及资源信息，综合性地考虑系统在建设过程中、升级过程中及维护过程中的费用问题。

2.实用性

此系统的主要用户是教务管理人员、教职工和学生，而学生使用群体是数量最多的一个群体，所以系统开发应充分考虑到不用层次用户的不同需求，要以用户的实际需求为前提，开发的教务管理系统要界面友好，易于操作，功能上能满足业务需求，便于学习和使用。

3.灵活性

系统应当具有良好的开放性及结构的可变性，代码不要全写死。在系统的开发设计过程中，应当尽量多用模块化的结构，从而提高各模块之间的独立性，并减少模块间的联系，这样便可以在不影响其他模块的情况下，对系统的单个模块进行修改和增加新内容，提高系统的适应能力。

4.安全性

教务管理系统是一个面向数万师生的网络系统，数据资料安全和业务处理安全必须是系统优先保障的内容。教务管理系统的开发和实现必须确保系统网络畅通、运行平稳，面对系统应用中的各种问题，能及时有效地进行处理并保证利用最新的网络安全技术，防止非法入侵和恶意破坏。

5.稳定性

高校教务管理系统稳定性在整个管理系统中也是非常重要的，如果系统稳定性较差，就极有可能造成一些重要信息的丢失，并给用户带来不好的用户体验。

二、 体系结构设计

本书设计的高校教务管理系统的总体结构包含四个层次：用户层、服务接口层、安全防护层及数据层，高校教务管理系统总体结构图如图3.1 所示。

用户层负责提供给不同的系统用户对应的登录入口，安全防护机制会在用户登录时进行身份认证和授权，所有的功能模块可使用统一的访问接口进行调用，但不同权限的用户能够访问的功能模块不同。通过上述四个层次之间的架构关系，可以很清晰地了解本书设计的教务管理系统的业务操作流程。

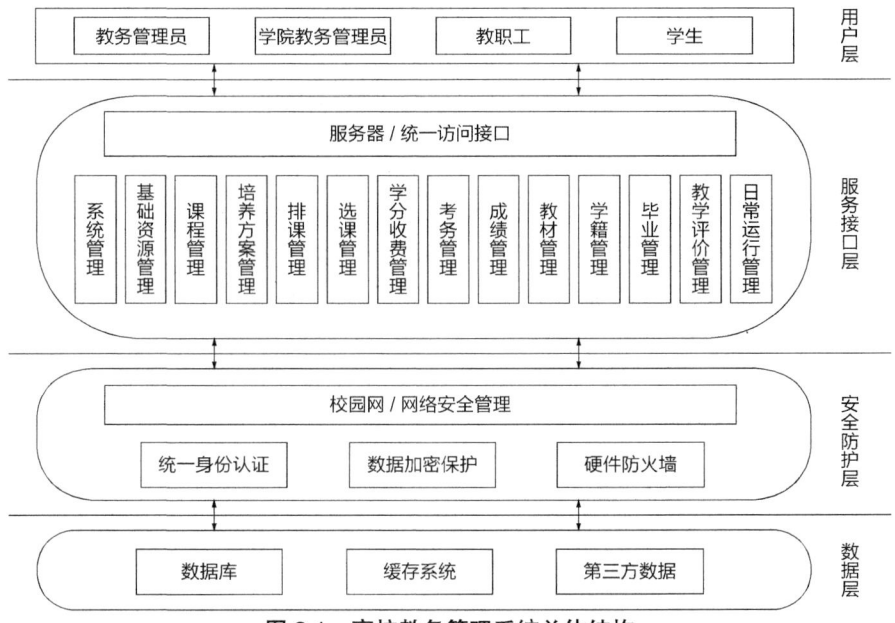

图 3.1　高校教务管理系统总体结构

三、系统功能模块设计

（一）系统管理模块功能设计

高校教务管理工作中，涉及的相关人员繁多，所需要的权限又各不相同，在保证系统数据安全的前提下，给不同的用户分配合理的权限是至关重要的。

系统管理模块为系统管理者提供监控系统运行的手段，系统管理者可利用此模块为不同的用户分配不同的角色，并授予不同的权限，让系统内的用户协同工作，保证各级管理员、教职工和学生在各自的权限范围内操作，完成系统功能，实现各自目标。系统管理模块包括系统用户管理和系统权限管理两大功能。系统用户管理主要是设置用户账号类型、用户账号和初始密码，以及用户的权限范围；系统权限管理主要是给不同的人员设置不同的权限。本系统中的用户角色分为系统管理员、教务管理员、学院教务管理员、教职工和学生五类，进入系统后，输入账号和密码，首先要验证账号类型，系统登录成功后根据账号类型自动跳转到相应的用户页面。若输入的账号或密码任意一项错误，则会提示重新输入。

系统管理模块仅系统管理员有权限进行操作，系统管理员只能由教务管理部门内部人员担任，这既有利于系统的管理，也提高了系统的安全性。系统管理员需导入教职工和学生信息。教职工信息的数据来源是基础资源管理中录入的师资信息，包括教师名、教工号、所属学院、职称等；学生信息的数据来源是学籍管理中的学生学籍信息，包括学生姓名、学号、学院、专业、班级等。随后，进入系统用户管理。第一，系统管理员可设置教职工账号及学生账号的账号类型，教职工账号类型可分为系统管理员、教务管理员、学院教务管理员及教职工，学生账号的账号类型为学生；第二，可设置用户登录的账号和密码，可批量设置账号和初始密码，也可重置密码；第三，可设置不用用户的权限范围，如教务管理员的权限范围可设置为所有学院，学院教务管理员的权限范围可设置为各自所在学院。然后，进入系统权限管理，系统管理员可设置不同账号类型，也就是不同用户所对应的权限，如成绩管理模块中，教务管理员拥有控制成绩录入时间的权限、导入成绩录入数据的权限及管理成绩总库的权限，学院教务管理员仅拥有查询成绩的权限，教职工拥有成绩录入的权限，而学生拥有成绩查询的权限。这样，不同的账号就对应不同的账号类型，不同的账号类型又对应不同的权限。那么，不管教职工人数还是学生人数如何扩展变化，权限分配的实现都变得很容易了。系统管理模块结构图如图 3.2 所示。

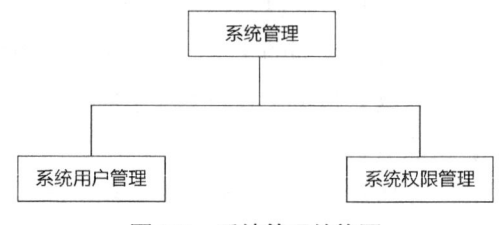

图 3.2　系统管理结构图

时序图是一种描述和强调消息发出先后顺序的交互图，图形符号主要由对象、生命线、消息等组成。在时序图中,会描述各个对象通过消息来实现的交互行为。在教务系统中,有各种不同的对象,各对象间紧密联系。时序图不仅描述了消息的交互,也强调了先后顺序,因此时序图是对系统行为进行动态建模的首选工具。一般的软件开发都是为了支撑某个具体的业务。有时候业务的流程会比较复杂,涉及多种角色,这时就可以使用时序图来梳理这个业务逻辑。这样会使业务看起来非常清晰,代码写起来也就是水到渠成的事情了。系统管理模块时序图如图 3.3 所示。

活动图是状态图的一种特殊形式。系统大多数状态都是活动状态,而且大多数转移都在源状态中的活动完成时立即触发。活动图和时序图都是对系统的动态行为进行表述的工具,与时序图的区别在于活动图强调活动之间的控制流,用于描述从一个活动到另一个活动的控制过程。系统管理整个业务的活动图如图 3.4 所示。

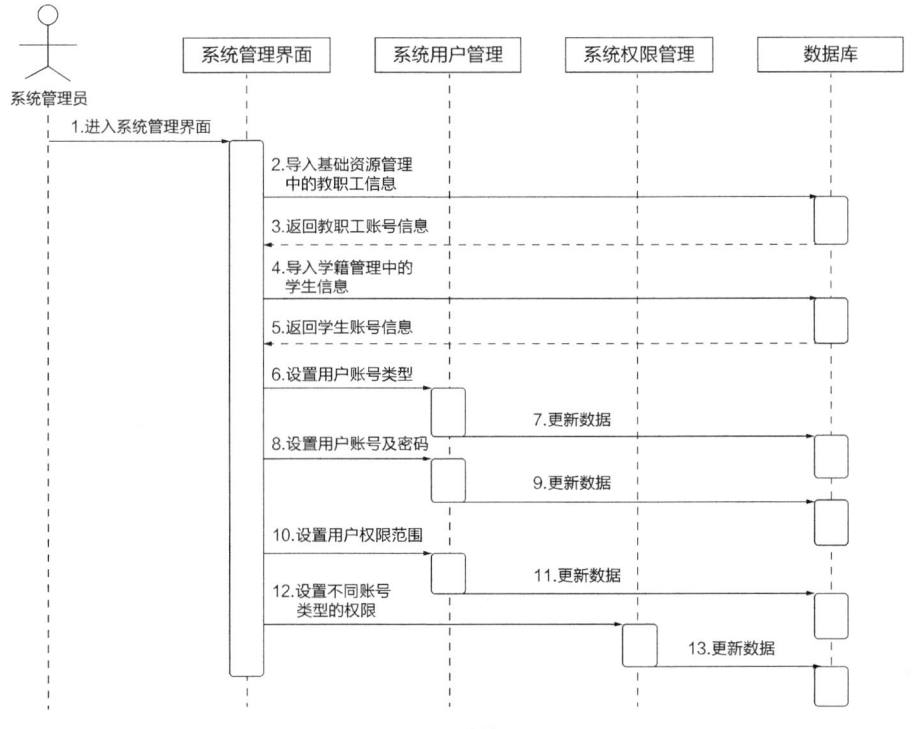

图 3.3 系统管理时序

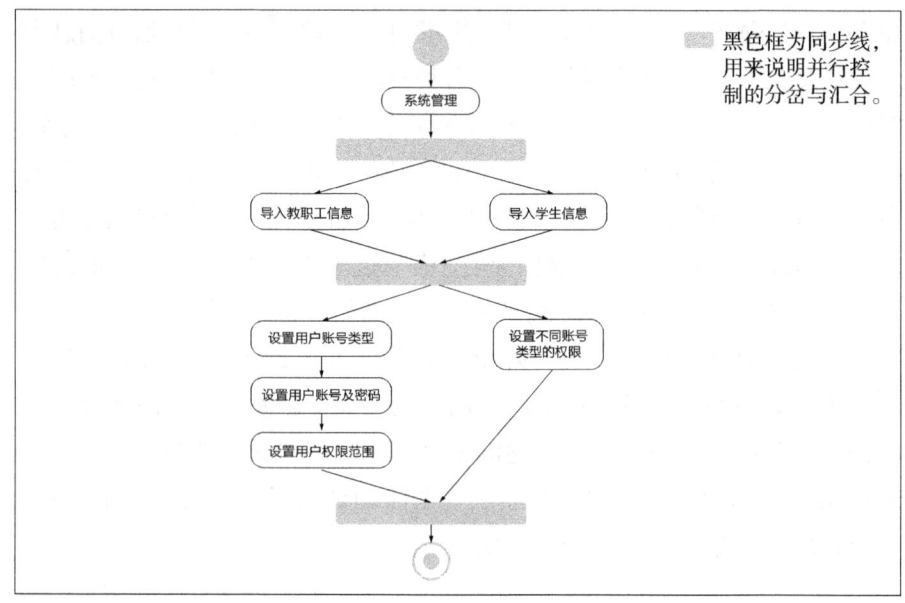

图 3.4　系统管理活动

（二）基础资源管理模块功能设计

基础资源管理中的基础数据是整个教务系统正常运行的基本数据集，它是保证教务管理系统具有统一规范的数据集，是便于数据共享和使用的基本数据集。它包括学院信息、学生信息、班级信息、专业信息、师资信息、课程信息及教室信息等，对这些信息进行专门的设置与维护，可便于各功能模块的使用，确保数据信息的一致性和准确性。

基础资源管理功能包括院系单位管理、班级管理、专业管理、师资管理及教室资源管理五个子功能。院系单位管理是维护院系单位信息，包括院系单位名称、院系单位代码、类别等，可对院系单位数据进行导入、增加、删除、修改及查询；班级管理是维护班级信息，包括班级名称、班级人数、年级、所属专业、所属学院等，可对班级数据进行导入、增加、删除、修改及查询；专业管理是维护专业信息，包括专业名称、专业年级、所属学院等，可对专业数据进行导入、增加、删除、修改及查询；师资管理是维护师资信息，包括教职工姓名、工号、所属单位、在职状态等，可对师资数据进行导入、增加、删除、修改及查询；教室资源管理是维护教室信息，包括教室名称、教室座位数、教室考试座位数、所属教学楼、教室类型、是否可用等，可对教室数据进行导入、增加、删除、修改及查询。基础资源管理结构如图 3.5 所示。

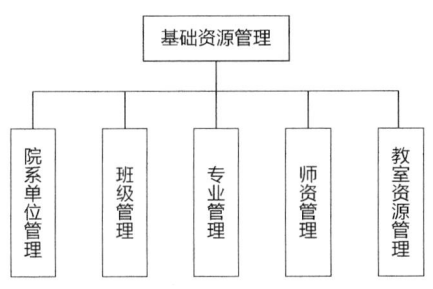

图 3.5　基础资源管理结构

以院系单位管理为例，教务管理员可根据模板批量导入院系单位信息，可根据情况对院系单位数据进行逐条增加、删除、修改及查询，院系管理员只可查询院系单位信息。院系单位管理功能时序如图 3.6 所示，管理功能活动如图 3.7 所示。

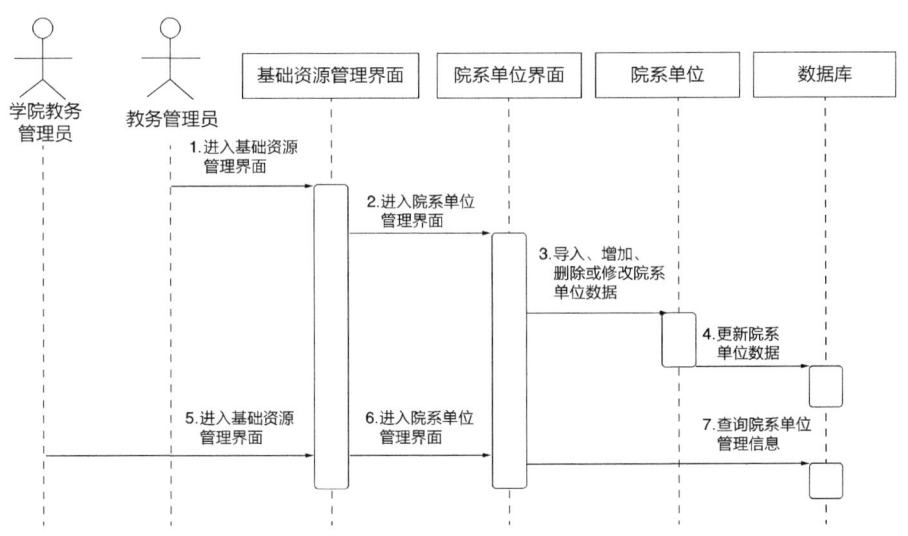

图 3.6　院系单位管理功能时序

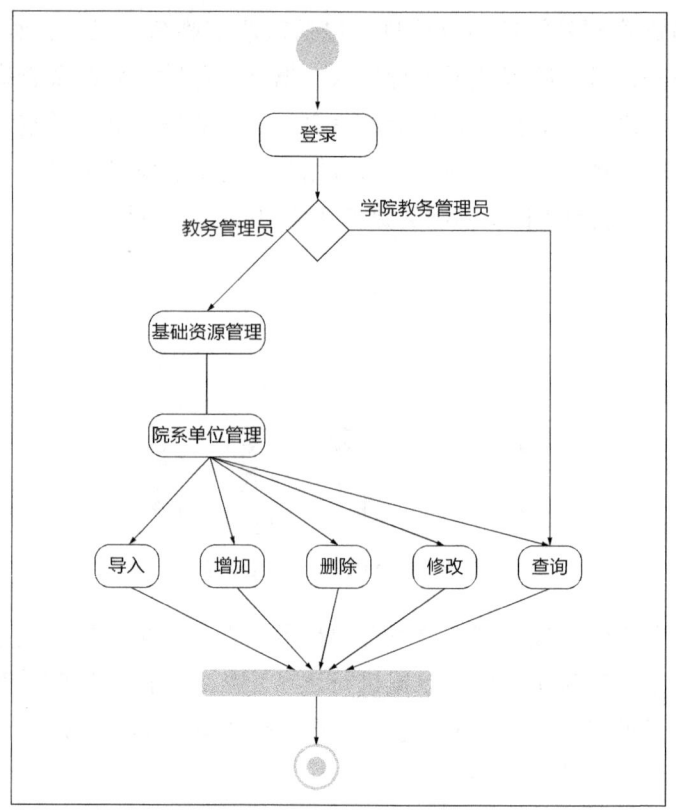

图 3.7 院系单位管理功能活动

（三） 课程管理模块功能设计

课程管理模块实现的主要功能是对学校开设的所有课程进行管理。系统中没有课程数据，就无法进行排课，更无法给学生安排课表，围绕学生进行的教务工作也无法正常开展。因此，课程管理模块是学校教务活动的重要模块，关系到整个教务管理工作能否正常运行。

课程管理模块包括新增课程申请、新增课程审核、课程总库管理及课程总库查询四个功能。课程管理结构如图 3.8 所示。

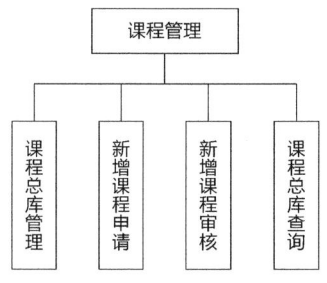

图 3.8 课程管理结构

课程总库信息包括课程号、课程名、学时、学分、课程属性及课程的状态等，教务管理员对课程总库信息进行管理，可导入、增加、删除及修改课程数据。学院教务管理员可根据学校情况申请开设新的课程，由教务管理员进行审核，审核通过后更新课程总库数据表。课程管理时序如图 3.9 所示，课程管理活动如图 3.10 所示。

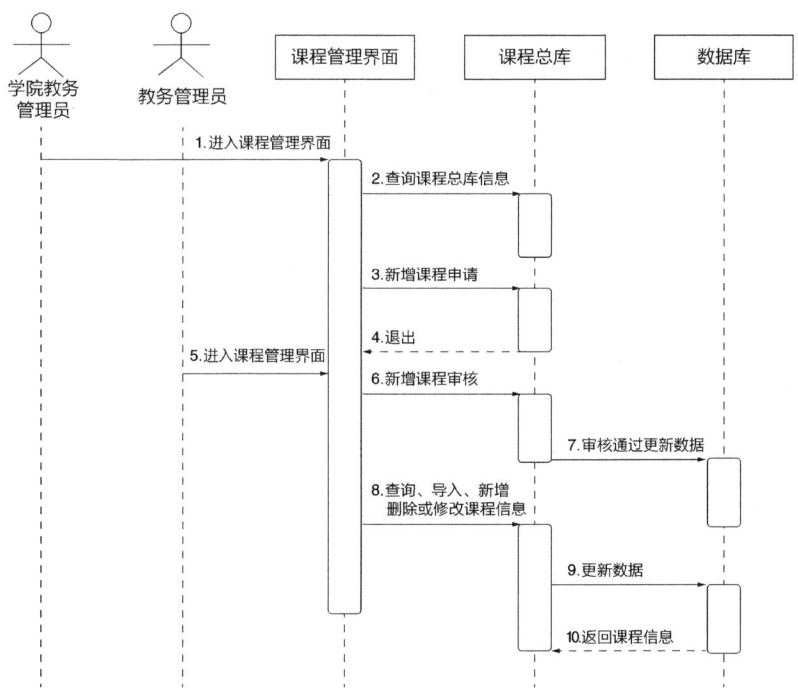

图 3.9 课程管理时序

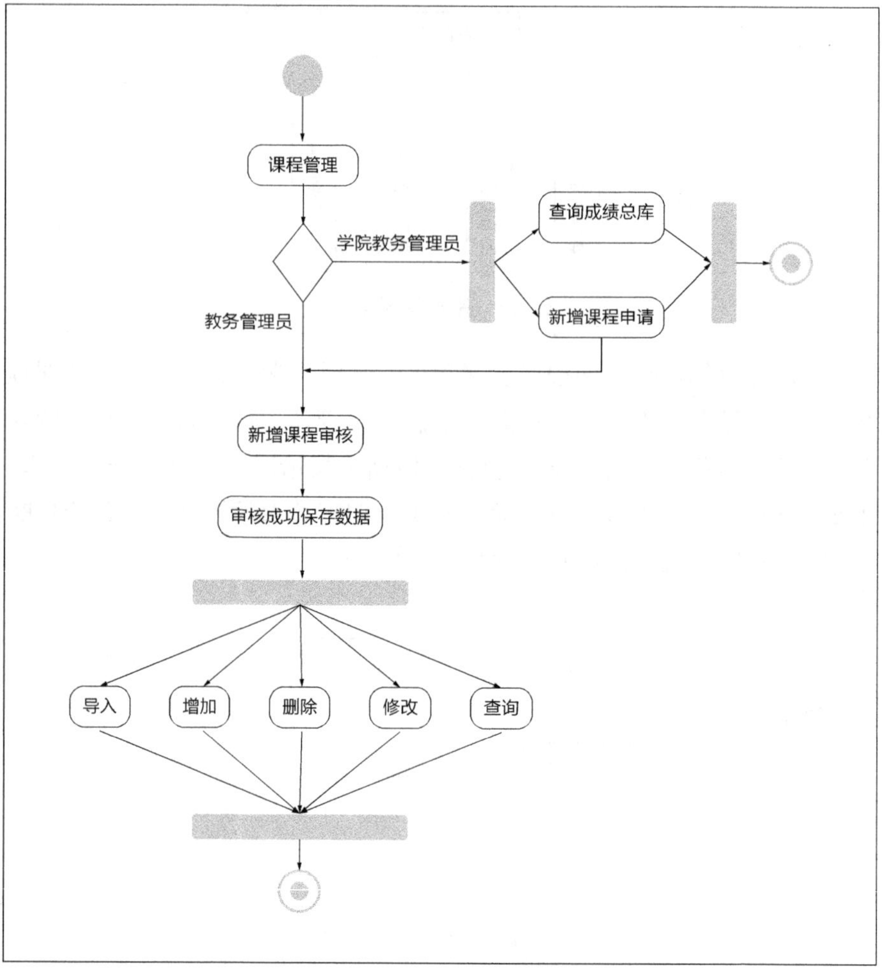

图 3.10　课程管理活动

（四）培养方案管理模块功能设计

培养方案规定了各专业应开设的课程、每门课程的开设顺序及对课程学时学分的要求等，是对高校人才培养的总体规划，是学校教学运行的依据。

培养方案管理模块包括培养方案的录入和执行计划的生成两大功能。

培养方案的录入主要是设置培养方案录入的起始时间，设置培养方案的版本、体系结构，以及录入培养方案、管理和维护培养方案，因此应包括培养方案时间控制、培养方案版本管理、培养方案体系设置、培养方案录入管理及培养方案查询五个功能；执行计划的生成主要是根据培养方案生成执行计划、对执行计划进行微调及查询，因此执行计划的生成应包括执行计划管理、执行计划微调审核及执行计划查询三个功能。培养方案管理结构如图3.11所示。

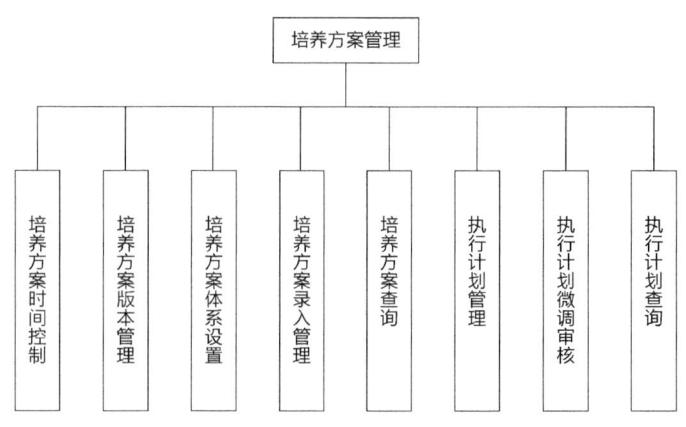

图3.11 培养方案管理结构

在业务流程上，首先教务管理员要设置好培养方案录入的起始时间、培养方案的版本及培养方案的体系结构。培养方案的版本设置包括培养方案的适用年级、版本号、培养目标等，培养方案的体系结构设置包括各版本培养方案的体系结构名称、各体系结构的学分要求、各体系结构的课程性质等。学院管理员可根据设置好的信息录入各自学院的培养方案，录入完成后更新培养方案数据表。培养方案的录入过程工作量大，重复性强，因此应设计培养方案的复制功能，可以根据年份、专业或体系模块把培养方案复制到指定的方案中。培养方案录入时序如图3.12所示，培养方案录入活动如图3.13所示。

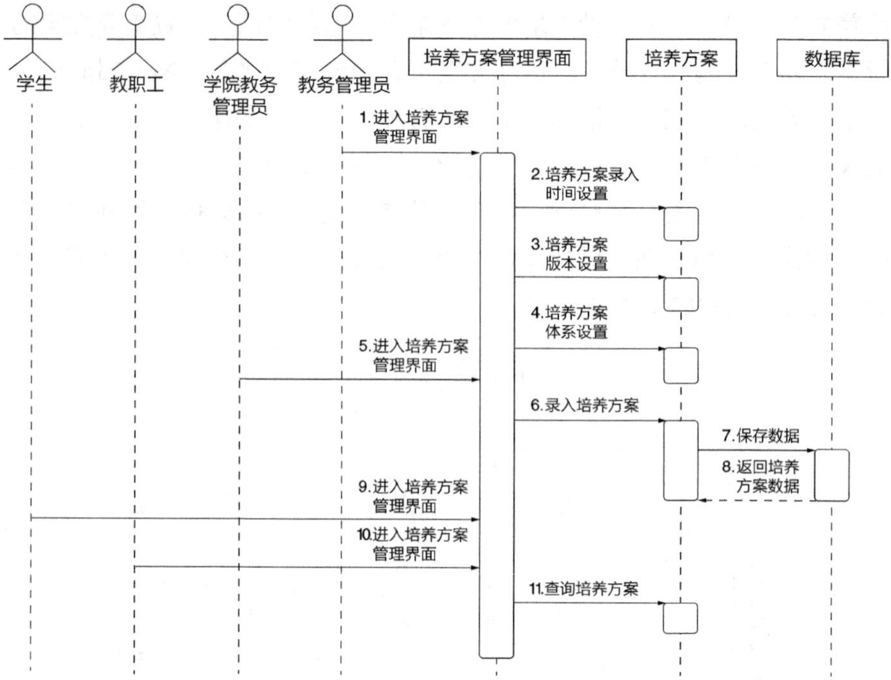

图 3.12 培养方案录入时序

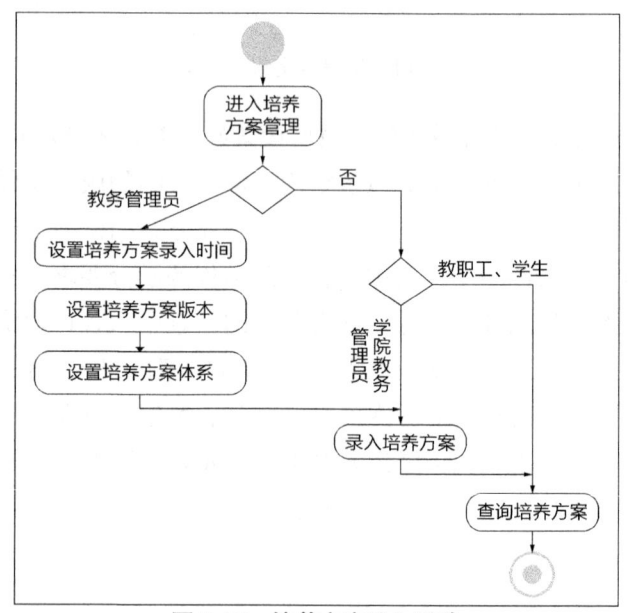

图 3.13 培养方案录入活动

其次，教务管理员需根据培养方案生成各专业执行计划。执行计划是每学期的实际开课计划，因教师工作等情况会产生课程的调整或停开，因此需设计执行计划的微调功能。学院教务管理员可根据各学院每学期的开课情况对执行计划中的课程进行微调，微调申请类别包括调整课程学年、学期及选修课程停开，由教务管理员进行审核，审核通过的更新执行计划列表。执行计划生成时序如图 3.14 所示，执行计划生成活动如图 3.15 所示。

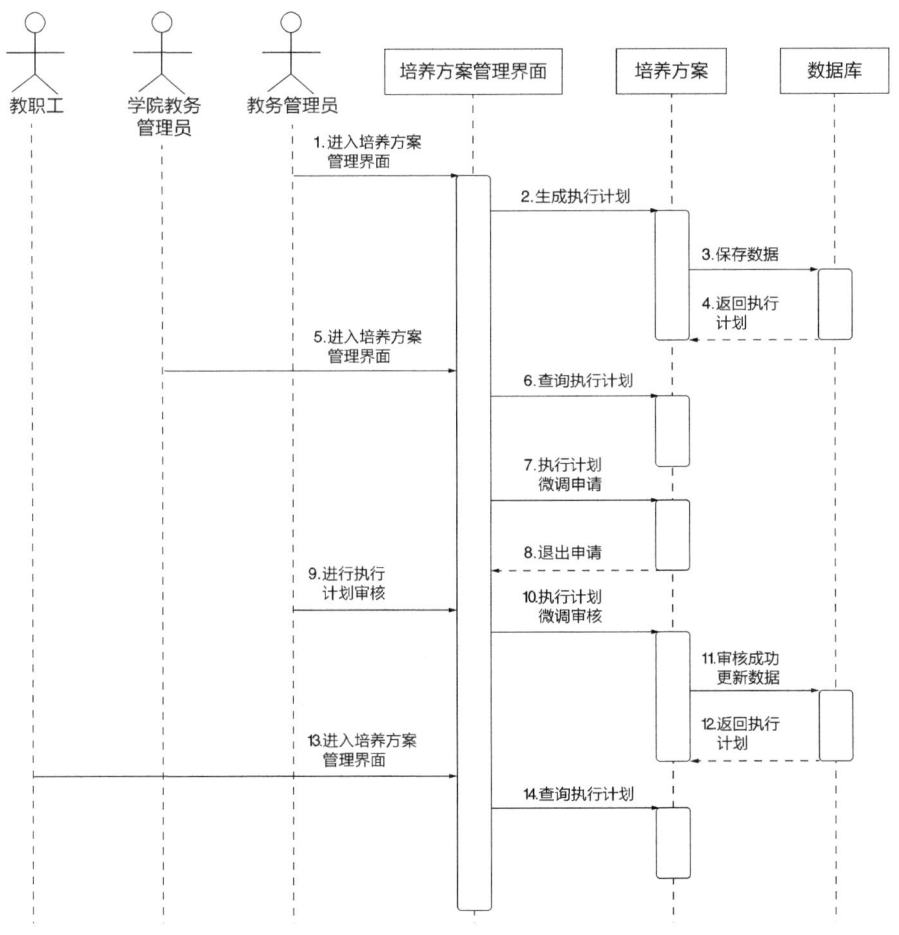

图 3.14　执行计划生成时序

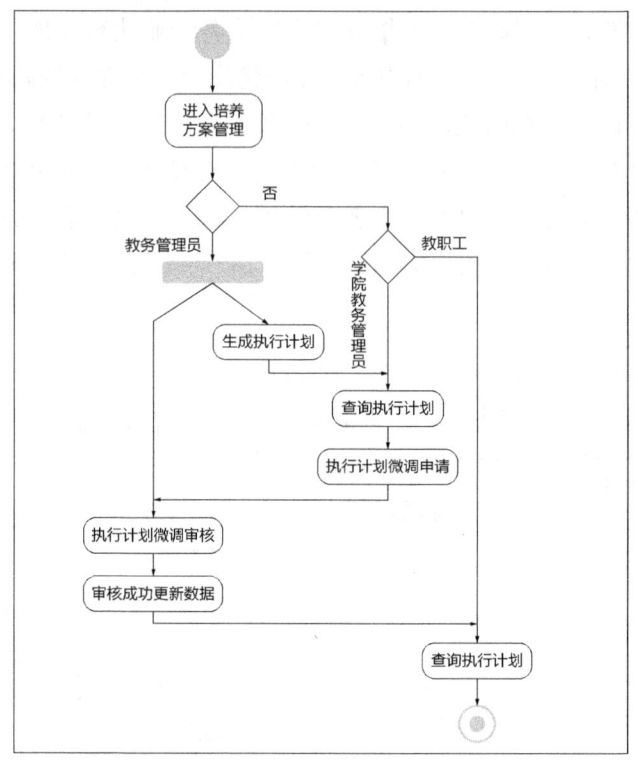

图 3.15 执行计划生成活动

（五） 排课管理模块功能设计

排课管理是教务管理工作中的一项重要工作，直接关系到全校的教学工作能否得以顺利开展。排课是一个复杂的过程，需要统筹规划全校教师、学生、教室、校区及课程等多个方面，做到教学资源的最优化分配和组合，避免出现时间冲突、教室冲突、教室超容量等问题，从而保证学校教学工作得以顺利开展。

排课管理模块包括教学任务安排和课表编排两大功能。教学任务的安排主要是生成教学开课任务书、设置教学任务录入的起始时间及录入教学任务，因此应包括开课安排时间控制、教学开课生成及教学安排管理三个功能。课表的编排主要是设置排课参数、自动排课及手动排课、排课冲突检查，因此应包括排课参数设置、自动编排课表、课表编排管理、课表冲突检查、排课学时检查及各类课表查询六个功能。排课管理结构如图 3.16 所示。

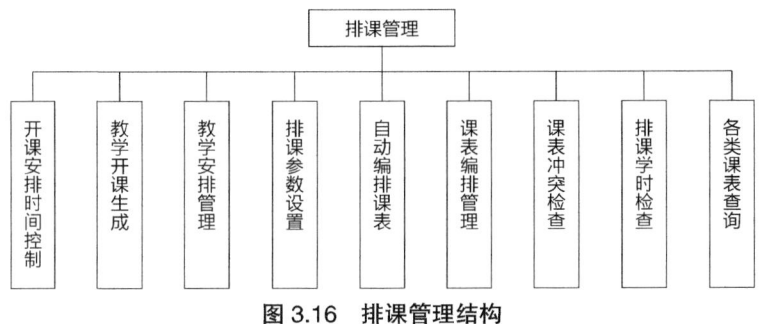

图 3.16　排课管理结构

在业务流程上，首先要检查执行计划。在保证执行计划准确无误的前提下生成教学开课任务书，接着教务管理员设置好教学任务录入的起始时间，由各学院教务管理员录入任课老师、上课周次、教室类型等，然后需要对各学院录入的教学任务进行反复检查，确保基础数据无误，否则将会造成课程的漏排或错排。教学任务安排时序如图 3.17 所示，教学任务安排活动如图 3.18 所示。

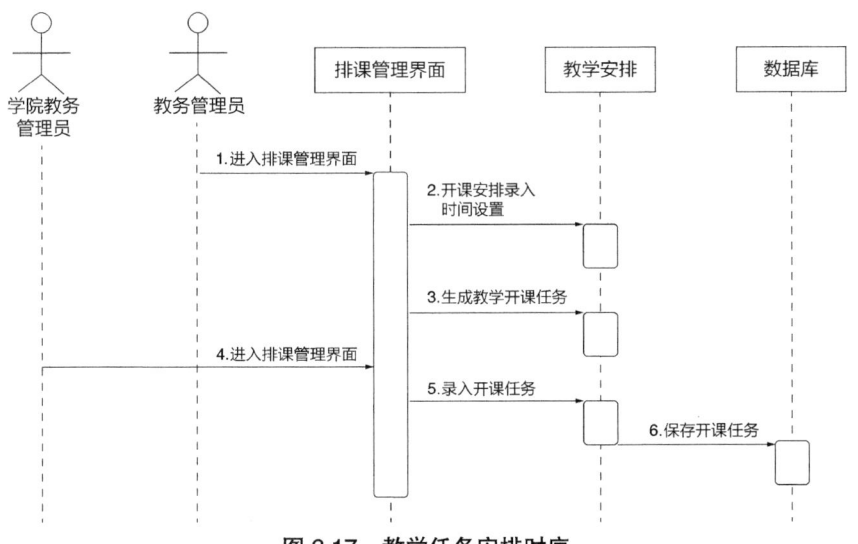

图 3.17　教学任务安排时序

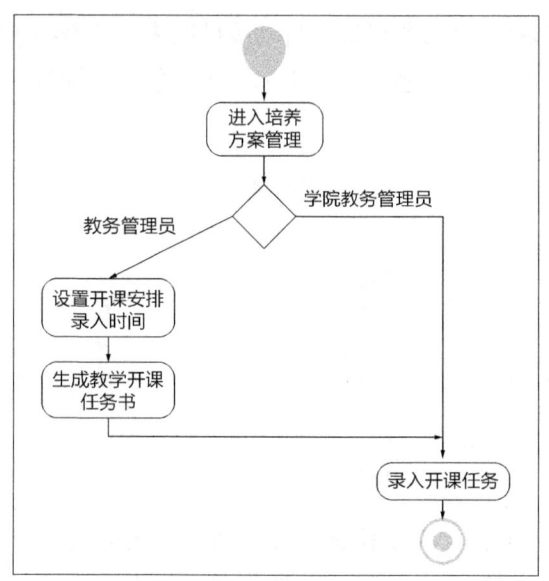

图 3.18　教学任务安排活动

　　课表的编排要在教学任务检查无误后进行，首先设置排课参数，包括课表时间设置、排课时间设置、课程类别时间设置、排课顺序设置、可用教室设置、教室空闲比例设置。课表时间设置是设置每天安排几大节课，每一大节又包含几小节课，哪几节可以安排三小节连上，哪几节可以安排四小节连上。排课时间设置是设置哪些时间点可以排课，哪些时间点不能排课，例如一般学校周四下午和周六周日不排课，那就将周四下午及周六、周日锁定不能排课，其他时间均可安排。课程类别时间是设置不同类别课程的排课时间，如专业课设置在白天，通识选修课设置在晚上。排课顺序设置是设置排课的优先顺序，如专业课优先，公共课次之，或者合班人数多的优先，合班人数少的次之。可用教室设置是设置可以用来排课的教室，有的教室可能是活动室，不适合用来排课。教室空闲比例设置是设置教室座位数空闲的比例，这个可根据各学校的实际情况进行设置，一般不要将教室安排得太满，以防存在桌椅损坏的情况造成学生上课没有座位。排课参数设置好后就可以进行自动排课，自动排课是根据设置好的限制条件及系统排课算法进行课表的自动安排，自动编排的课表是否合理主要取决于排课算法是否最优化。自动排课完成后总会存在一些问题，这就需要手动进行调整，可手动对课程的时间、地点进行调整。所有课程安排完以后就要进行课表冲突检查及学时学分检查，课表冲突检查包括教师上课时间的冲突检查、学生上课时间的冲突检查，以及教室安排的冲突检查，检查有冲突的可直接进行修改。学时学分检查是根据课程总库中课程的学时学分来检查课表编排中安排的学时学分是否存在漏排或多排的情况，存在漏排或多排的可直接进行修改。课表冲突检查和学时学分检查是课表编排完成后至关重要的环节，教务管理员需要对课表进行反复检查，从而保证课表的准确性和合理性。最后可在各类课表查询中查询不同类型的课表，如教室课表、学生个人课表、班级课表、教师课表及全校总课表。课表编排时序如图 3.19 所示，课表编排活动如图 3.20 所示。

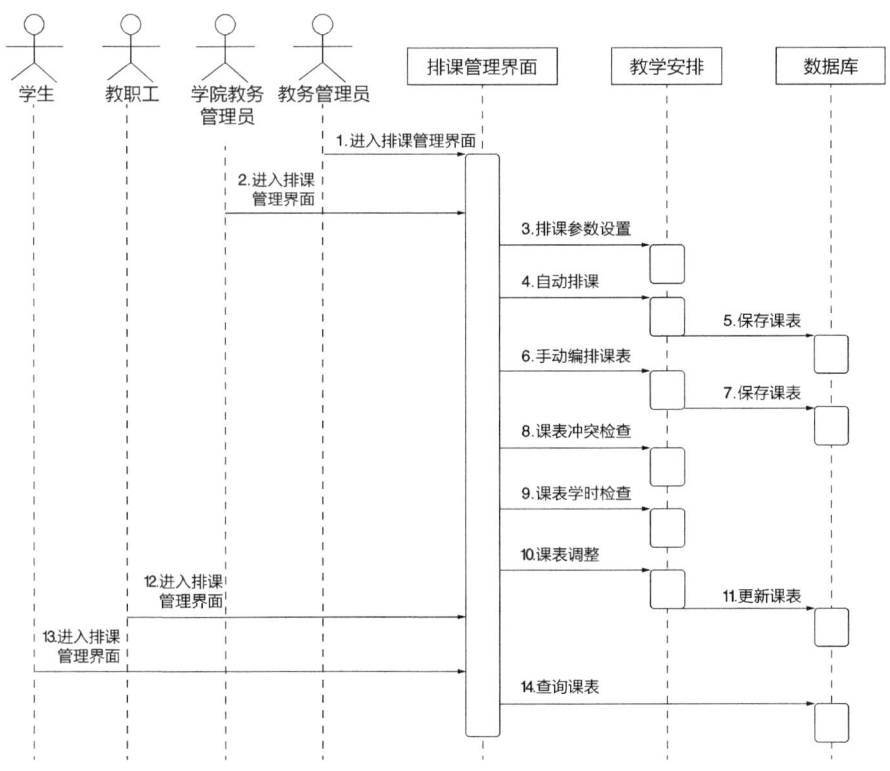

图 3.19　课表编排时序

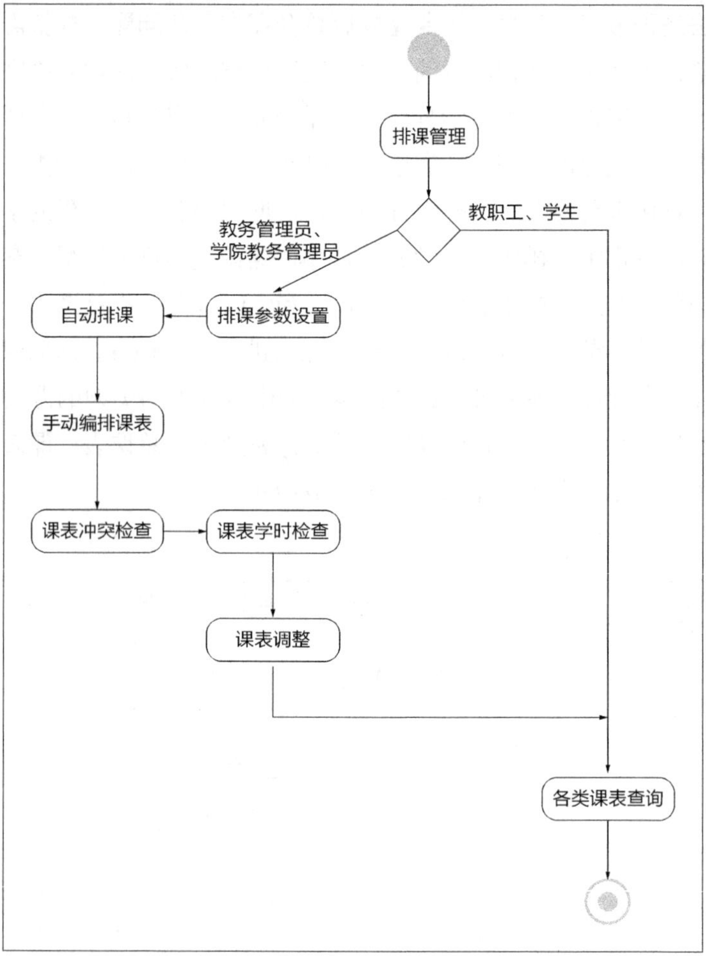

图 3.20 课表编排活动

（六） 选课管理模块功能设计

选课管理模块主要是对选课数据进行维护及对学生选课过程进行管理，包括选课数据管理和学生选课管理两大功能。选课数据管理主要是设置每一次选课的选课时间、选课模式、选课范围等参数，并对选课的课程进行管理与维护，对选课结果和选课日志进行查询，因此应包括选课轮次管理、选课课程管理、选课结果管理及选课日志查询四个功能。学生选课管理主要是处理学生选课过程中出现的一些问题，以及在选课结束后进行抽签，因此应包括选课抽签管理和学生选课中心两个功能。选课管理模块结构如图 3.21 所示。

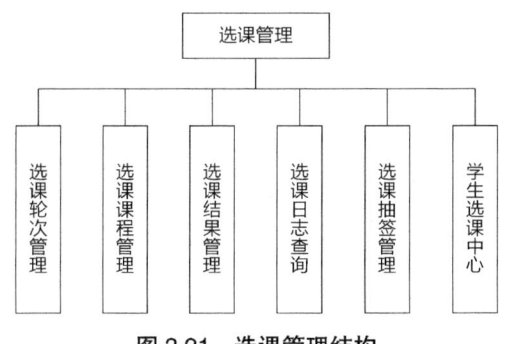

图 3.21　选课管理结构

在业务流程上，首先要确保排课数据无误，不会再有改变，然后就可以转入选课数据，选课数据的数据来源就是课表编排中的排课结果数据。选课数据转入后就可以设置选课参数，选课参数设置包括选课轮次基础设置、选课范围设置、选课学分设置、选课定时刷新设置。选课轮次基础设置是设置选课的起始时间、选课模式、选课退选控制及是否抽签等。选课范围设置是设置可参与选课的班级或年级及可选课程的类别。选课学分设置是设置选课学分上限及各模块的限制学分。选课定时刷新设置是设置选课人数刷新的时间。选课参数设置好后需要对选课数据进行检查与管理，设置课程是否可选及设置课程的限选人数，保证选课数据准确无误，从而保证选课的顺利进行。选课结束后，为便于教务管理员了解学生选课情况，还设计了选课结果管理和选课日志查询功能，选课结果管理中可以查询、增加、删除或导入各学期学生选课数据，选课日志查询可根据学生学号查询学生选课信息，包括所选课程的课程号、课程名、选课时间、选课人、选课 IP 地址等。选课课程管理时序如图 3.22 所示，选课课程管理活动如图 3.23 所示。

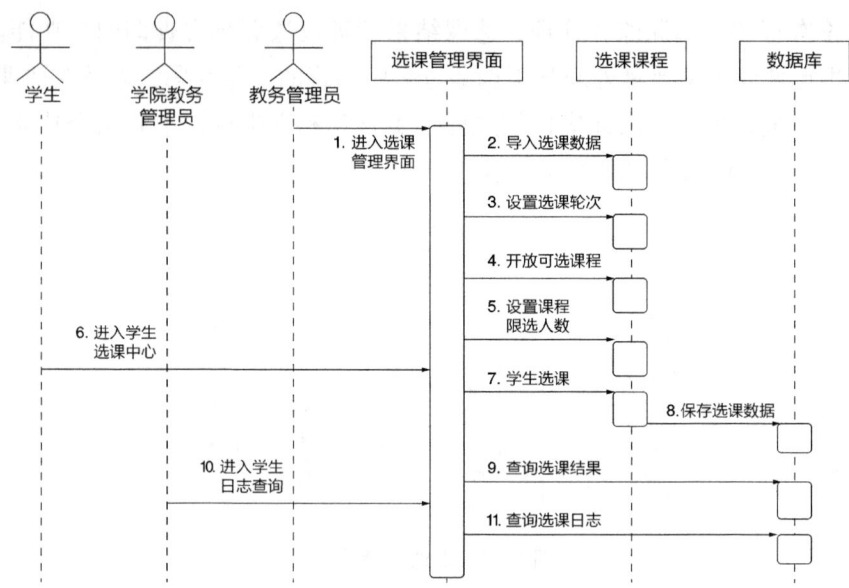

图 3.22　选课课程管理时序

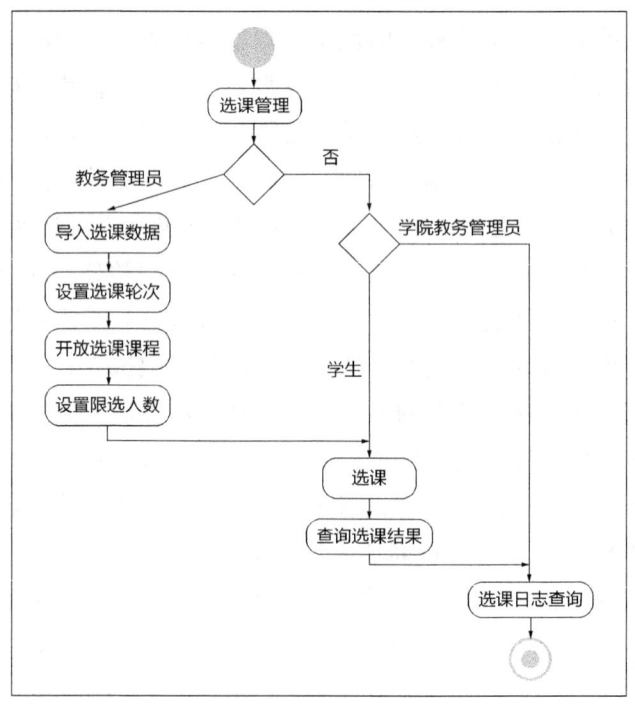

图 3.23　选课课程管理活动

选课数据维护好、选课参数设置好以后，就可以开始进行学生选课。高校根据自身情况，会有不同的选课方式，一般分为预选、正选、补选和退选。预选和正选一般是在学期末进行，以保证下学期的课程正常开课；补选和退选一般是在下学期初进行，以满足学生的正常修读。

预选阶段不设置选课人数上限，学生可根据自身意愿选择所有开放的课堂。预选结束后，教务管理员可根据预选情况，调整教室及限选人数，例如选课人数较多的课堂可换到更大一点的教室，同时限选人数也可以相应扩大，以满足学生的需求。调整完成后可进行抽签，抽签的方式是根据高校需求进行设计，一般抽签顺序设计为先抽任选的学生，再抽选修的学生，最后抽必修的学生，抽签过程设计为随机进行。抽签完成后就可进行正选，正选是有人数限制的，选满了就不能再选，因此正选一般采取先到先得的方式进行。正选完成后选课就进行了一大半，可对选课数据进行处理，例如对教室安排过大的课堂可调整到小一点的教室，对于选课人数不足的课可根据学院情况予以取消，以保证合理有效的利用教学资源。这时学生和教师已经可以打印课表，根据课表准备下学期的课程。最后就是补选和退选，正选个别课因选课人数不足取消，这些取消课的学生可以在补选阶段选择其他课程。退选一般是给学生试听的机会，试听 1~2 周后觉得课程不合适的可以在退选阶段进行退选。学生选课时序如图 3.24 所示，学生选课活动如图 3.25 所示。

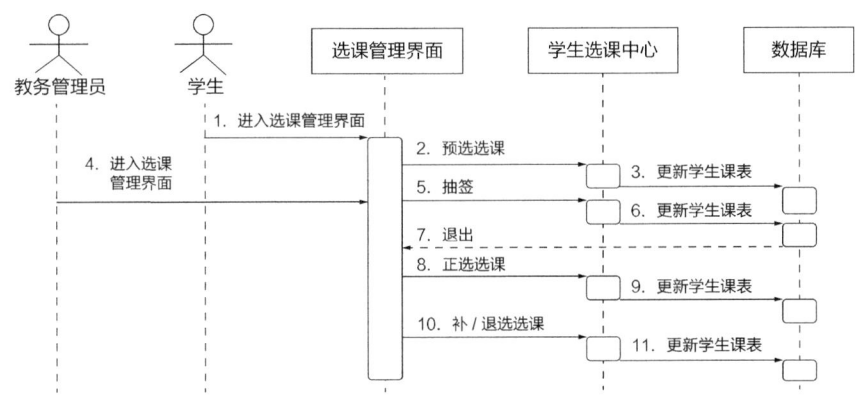

图 3.24　学生选课时序

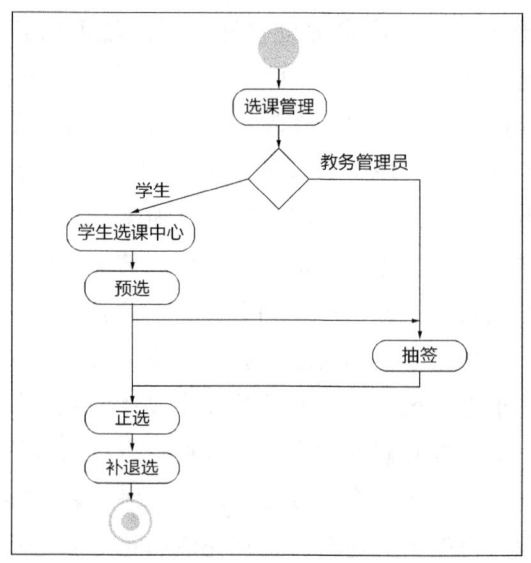

图 3.25　学生选课活动

（七）学分收费管理模块功能设计

学分收费管理模块是根据现高校收费模式，结合学分制收费制度而设计的，根据学生所修学分统计学生费用的模块。该模块包括学生学分管理、收费参数设置、学生收费汇总及学生收费查询四个子功能。学分收费管理模块结构如图 3.26 所示。

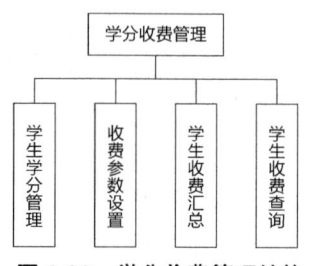

图 3.26　学分收费管理结构

在业务流程上，首先在学生选课全部结束以后，生成学生总学分列表，并对学生所修总学分进行检查与维护。然后设置收费参数，包括收费项目及收费标准，收费项目一般包括总学分、重修、补考等，收费标准是指正常修课、重修、补考如何收费，一个学分收费多少。学生所修总学分维护准确、收费参数设置好以后就可以开始统计学生费用，统计好的结果可供管理员查询和导出。学分收费管理时序如图 3.27 所示，学分收费管理活动如图 3.28 所示。

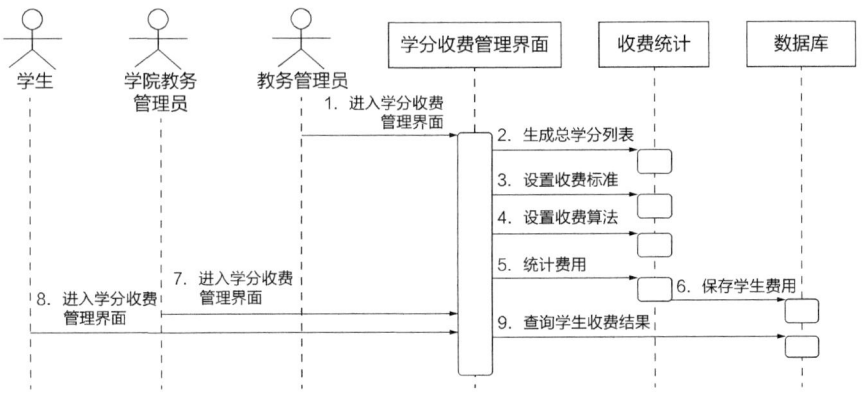

图 3.27　学分收费管理时序

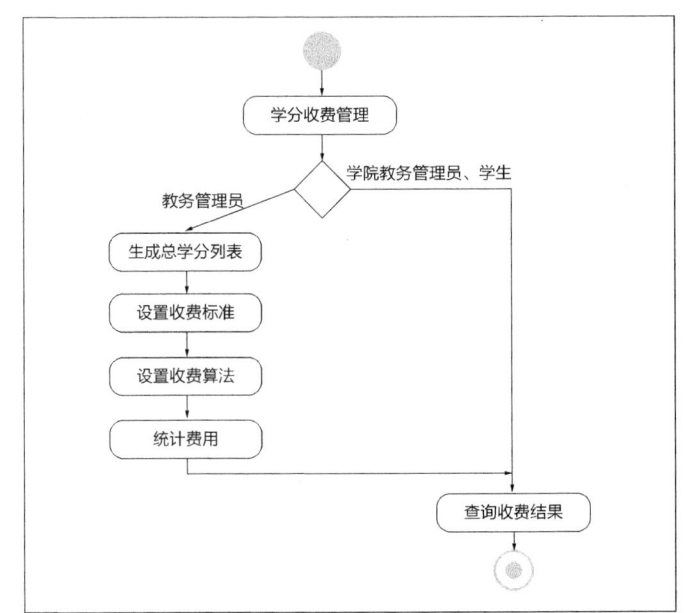

图 3.28　学分收费管理活动

（八）考务管理模块功能设计

考试的安排是高校教务管理中非常重要的环节。合理的考试安排是均匀分布的，让考生可以安心复习，从容准备考试。考务管理模块的功能是管理和安排考试，包括排考参数设置、排考数据管理、自动排考管理、考试安排管理及考试安排查询五个子功能。考务管理结构如图 3.29 所示。

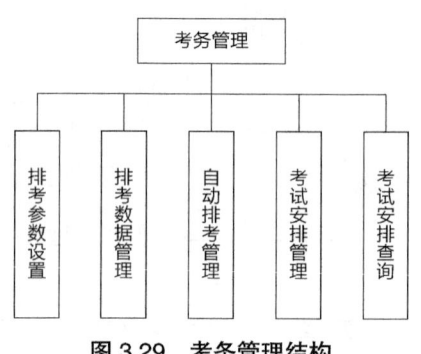

图 3.29　考务管理结构

在业务流程上，首先设置排考参数，包括考试类型设置、考试时间设置及基本参数设置。考试类型设置是设置本次考试属于哪种考试类型，例如期中考试、期末考试或是缓考等。考试时间设置是设置考试的起始日期、每天安排场次及各场次起始时间。基本参数设置是设置自动排考的限制条件，包括每场次最大课程数、考场依据行政班还是教学班、每考场最大班级数、每考场最大课程数等。排考参数设置好后，就可以导入考试安排数据，考试安排的数据来源是选课课程管理中的选课数据。接着需要检查和维护考试安排数据，随堂考试或学院自行安排考试的课程标记为"不安排考试"，需要教务部统一安排考试的课程标记为"需安排考试"。然后就可以进行自动排考，自动排考是根据排考参数对考试数据进行编排，安排各考场的时间和地点。自动排考完成后可进行手动调整，调整考试场次、时间或地点。

全部调整完毕，检查无误后可发布考试信息。管理员、教职工和学生就可以查到考试安排的详细情况。考务管理时序如图 3.20 所示，考务管理活动如图 3.31 所示。

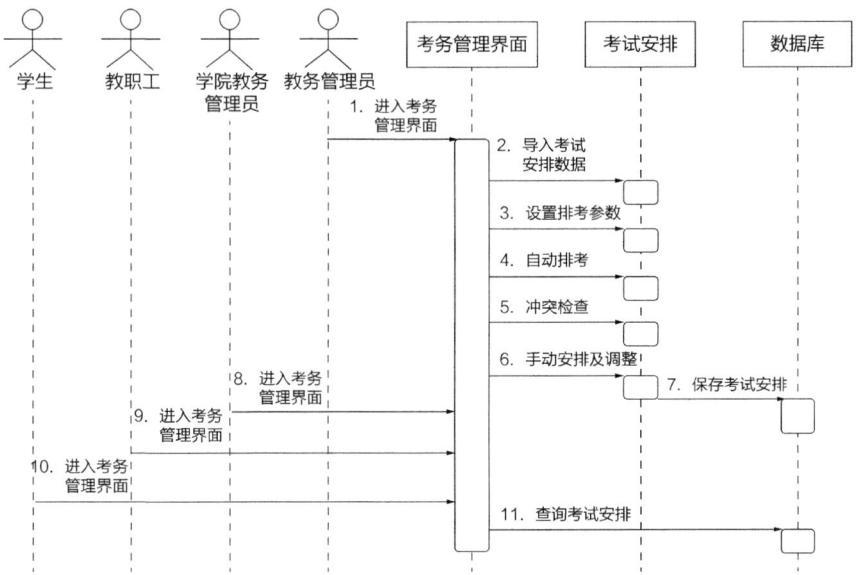

图 3.30　考务管理时序

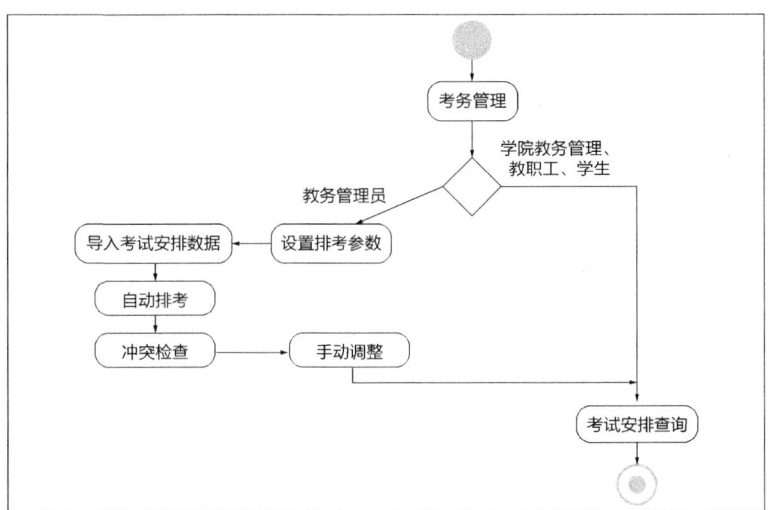

图 3.31　考务管理活动

（九）成绩管理模块功能设计

成绩管理模块包括成绩录入管理和成绩总库管理两大功能。成绩录入管理是设置成绩录入相关参数，以及对成绩的录入进行管理，包括成绩录入控制和成绩录入管理两个功能。成绩总库管理是对学生成绩、课程属性、学时、学分等进行维护，包括成绩总库管理和成绩查询两个功能。成绩管理结构如图 3.32 所示。

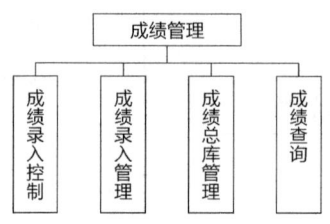

图 3.32　成绩管理结构

在业务流程上，首先设置成绩录入的相关参数，包括成绩录入类别设置、成绩录入时间设置、成绩录入项目设置及成绩范围设置。成绩录入类别设置是设置成绩录入的课程类别，如理论课、实践课等，因不同类别的课程可能成绩计算方式不同，这里就需要先区分开。成绩录入时间设置是设置成绩录入开放的起始时间。成绩录入项目设置是设置学生成绩分为哪几项，例如平时成绩、期中成绩、期末成绩等。成绩范围设置是设置成绩的分数范围、各项成绩所占比例及成绩小数位等。成绩录入相关参数设置完成后就需要导入成绩，录入数据，成绩录入数据的来源是学生选课管理中的学生选课数据，选了课的学生就需要录入成绩，没有选课的学生无法录入成绩。成绩录入一般由任课教师进行，录入完成后提交，学生就可以查询到自己的成绩。若成绩提交后，任课教师发现有录入错误的可申请修改成绩，由教务管理员进行审核，审核通过后更新成绩数据并保存。成绩录入时序如图 3.33 所示，成绩录入活动如图 3.34 所示。

成绩录入的数据提交后都会进入成绩总库，成绩总库管理可以对成绩总库中的成绩数据进行管理与维护，包括批量导入成绩、增加或删除成绩等。涉及成绩相关方面的工作都是相当严肃的，权限也应该严格控制，只有教务管理员才能有成绩管理的权限。成绩总库管理时序如图 3.35 所示，成绩总库管理活动如图 3.36 所示。

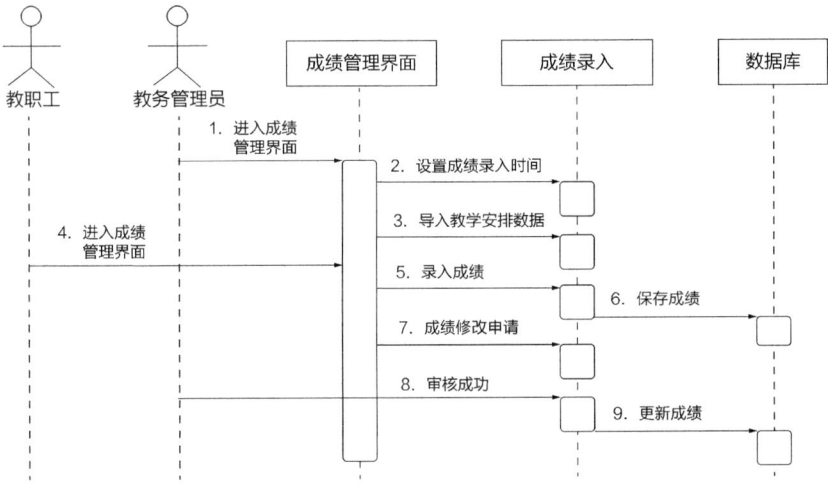

图 3.33　成绩录入时序

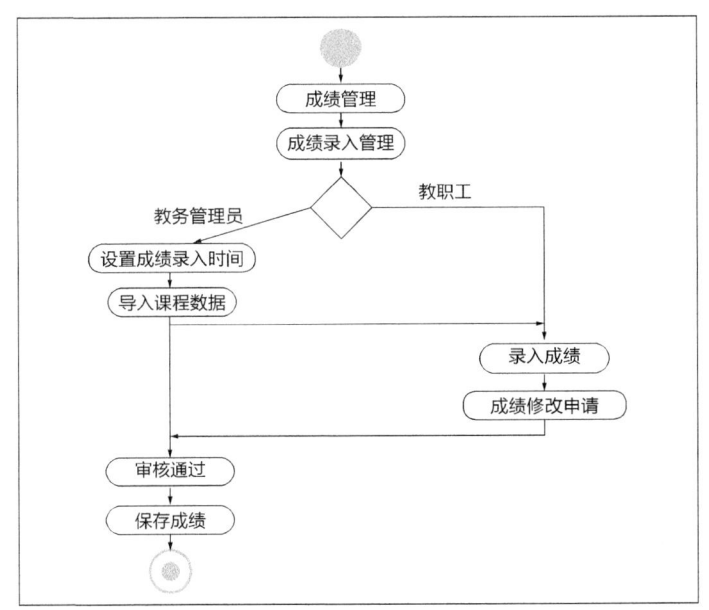

图 3.34　成绩录入活动

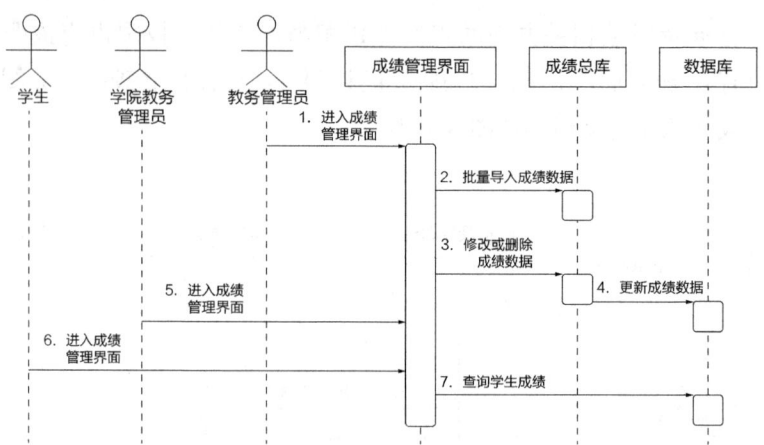

图 3.35　成绩总库管理时序

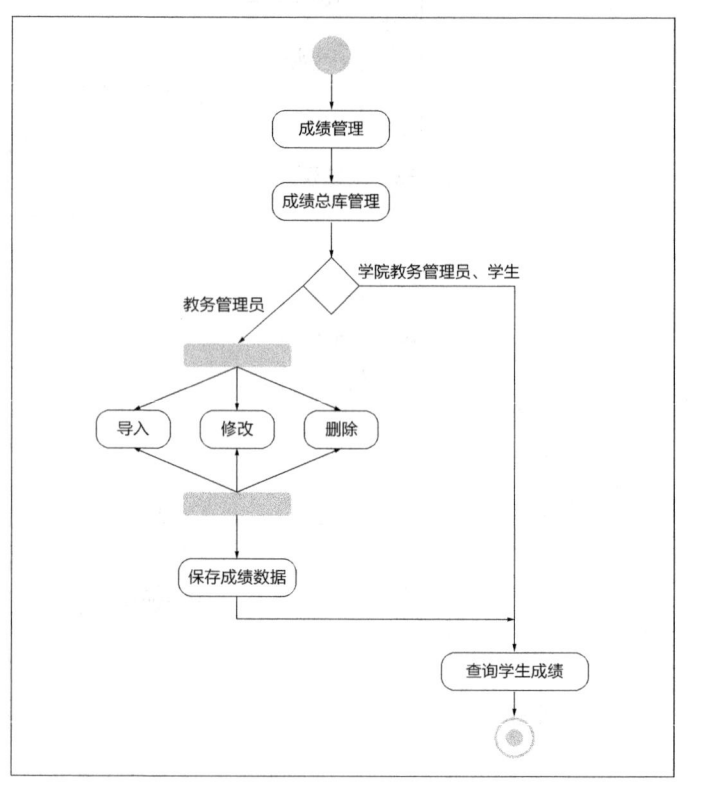

图 3.36　成绩总库管理活动

（十）教材管理模块功能设计

教材管理模块的功能主要是管理与发放教材，包括教材目录的建立与教材的发放两大功能。教材目录的建立主要是学院教务管理员或教职工申请选用的教材，由教务管理员进行审核，并对教材目录进行管理与维护，包括教材选用申请、教材选用审核及教材目录管理三个功能。教材的发放主要是管理各学期所开课程选用的教材，并生成教材采购清单供教务部门采购教材，以及生成教材发放清单供学生领取教材，包括教材计划管理、教材采购管理、教材发放管理、学生教材结算四个功能。教材管理结构如图 3.37 所示。

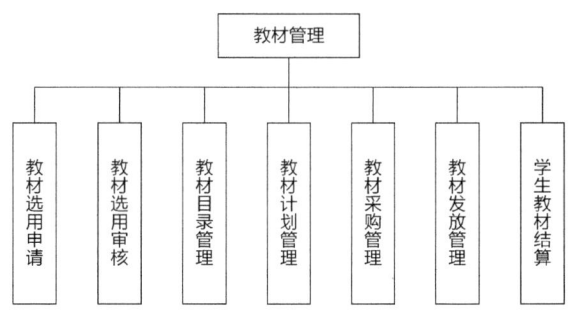

图 3.37　教材管理结构

在业务流程上，首先由任课教师或学院教务管理员申请需要选用的教材，包括书名、ISBN 书号、教材项目、作者、版次、出版社等，教务管理员进行审核，审核通过的教材进入教材目录清单。然后教务管理员可对教材目录清单进行管理与维护，包括导入、增加、修改及删除教材数据，以保证教材数据的准确性。教材目录建立时序如图 3.38 所示，教材目录建立活动如图 3.39 所示。

教材的发放需要教务管理员先转入课堂选课数据，数据来源是选课课程管理中的学生选课数据，选了课的学生就应该计划发放教材。接着由各学院教务管理员录入课程选用教材，录入教材时应该设计选择框，可选教材来自教材目录清单中的教材数据。教材录入完成后需要对课程选用教材的数据进行反复检查，以保证后续教材发放数据的准确性。然后教务管理员就可以生成教材采购清单和教材发放清单，教材采购清单应包括教材编号、教材名称、ISBN 书号、教材项目、作者、版次、出版社、教材单价及所需教材数量，教材采购清单的数据详细准确才能保证教材采购工作的顺利进行。教材发放清单应包括班级名称、班级人数、所属专业、所属学院、所需教材编号、教材名称、ISBN 书号、教材项目、作者、版次、出版社、教材数量，教材发放清单的数据详细准确才能保证教材发放工作井然有序地进行。最后是对学生的教材费用进行统计结算，可按学生学号统计学生所需教材的总费用，也可以查看教材总费用的明细（包括学生所需教材清单、教材单价等）。教材发放时序如图 3.40 所示，教材发放活动如图 3.41 所示。

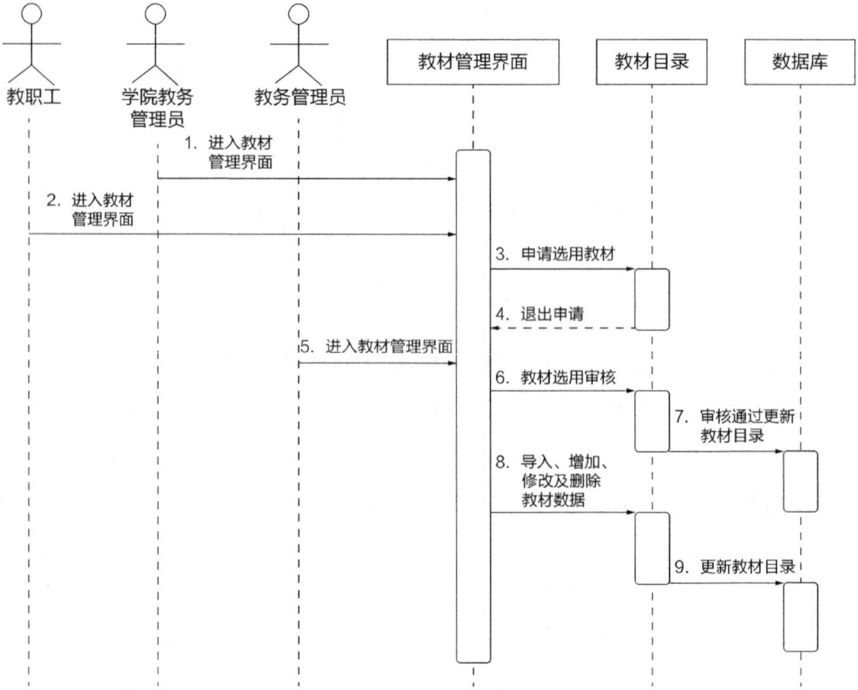

图 3.38　教材目录建立时序

第三章 高校教务管理系统设计

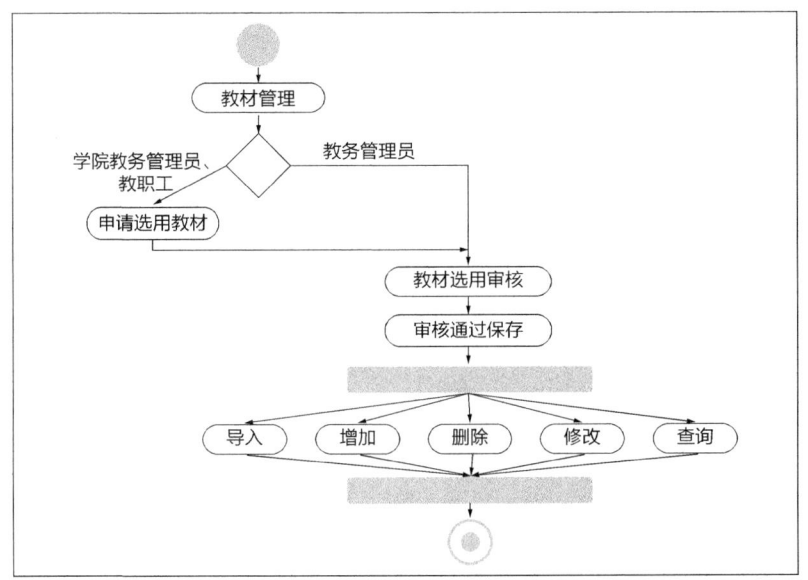

图 3.39 教材目录建立活动

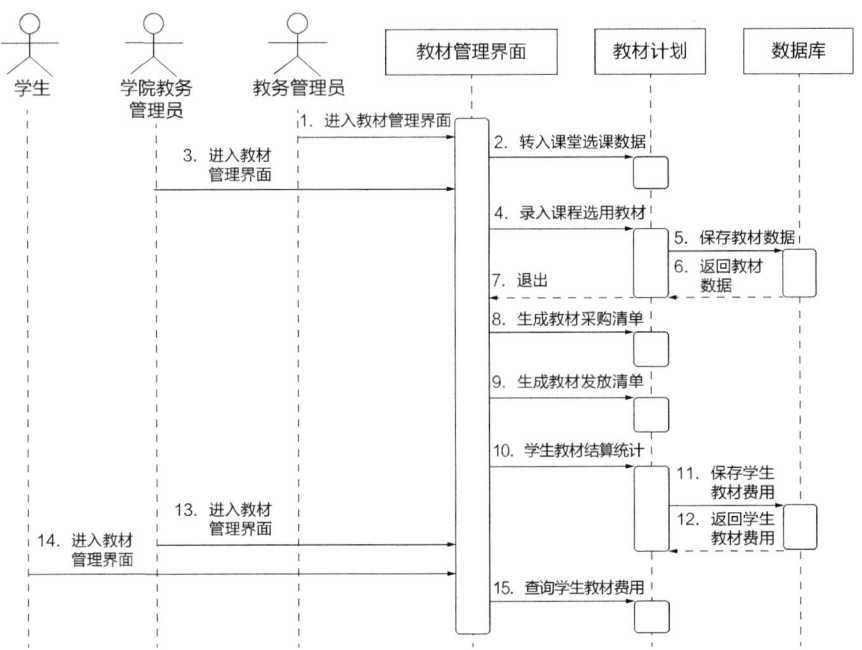

图 3.40 教材发放时序

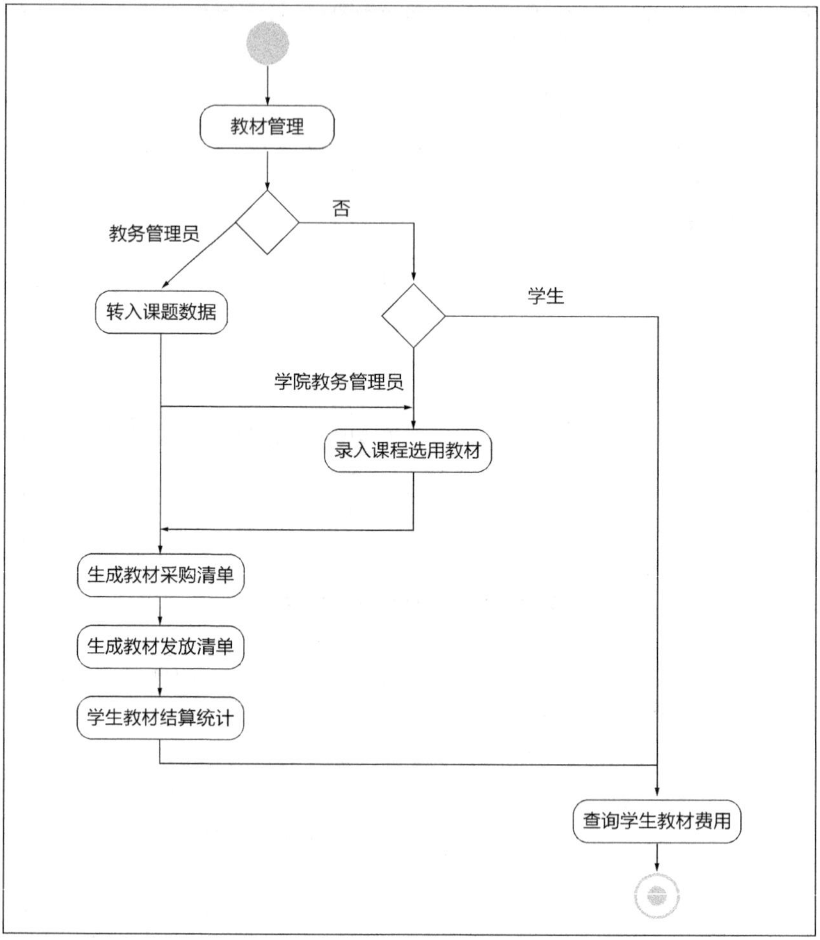

图 3.41 教材发放活动

（十一）学籍管理模块功能设计

学籍管理是对学生的学籍信息进行管理，包括学生姓名、学号、性别、出生日期、入学年份、班级、专业、院系、学籍状态等。学籍数据是系统中学生数据的基础，学生的账号信息、选课数据都是在此基础上进行操作的，因此学籍数据的准确性至关重要。学籍管理模块应包含学籍信息管理、学籍异动申请、学籍异动审核三个功能。学籍管理结构如图 3.42 所示。

第三章 高校教务管理系统设计

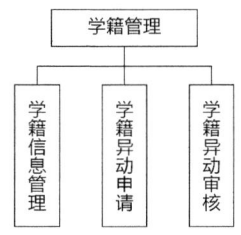

图 3.42 学籍管理结构

在业务流程上,学籍信息包括所有在校学生信息及往届毕业生信息,数据量非常大,因此应该设计导入功能,可以批量导入学生学籍数据,然后再进行个别维护,如增加、删除、修改及查询学生学籍数据。另外,由于存在休学、复学、延长学制等需要调整学生学籍的情况,因此需设计学籍异动的功能,由学生或学院教务管理员申请学籍异动,申请应包括学生原专业、原班级、异动后专业、异动后班级及异动原因、异动发文号等,由教务管理员进行审核,审核通过后更新学生学籍信息列表中的数据。学籍管理时序如图 3.43 所示,学籍管理活动如图 3.44 所示。

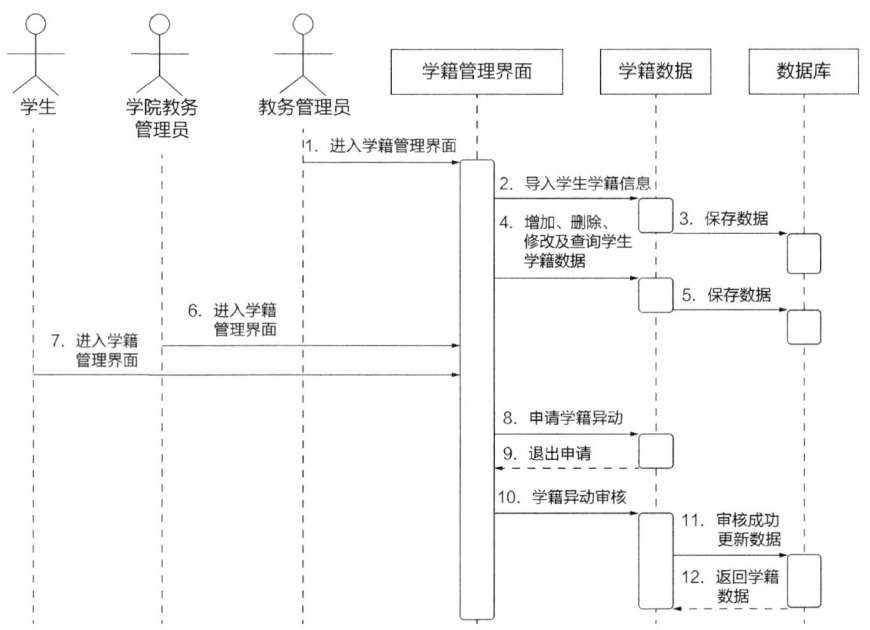

图 3.43 学籍管理时序

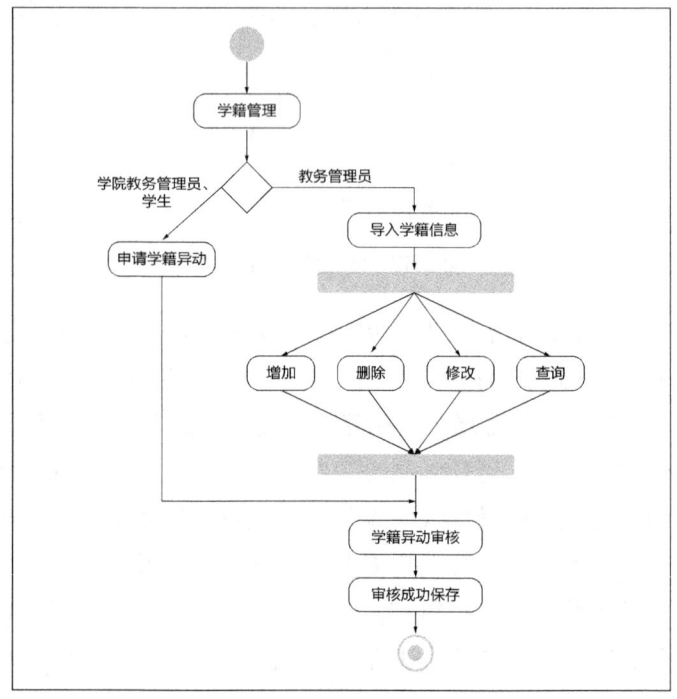

图 3.44 学籍管理活动

（十二）毕业管理模块功能设计

毕业管理模块是管理学生毕业情况的模块，需要对毕业的学生做毕业审核，还需要让学生能查询到自己的学习完成情况，因此该模块应包括学习完成情况、毕业届别管理、毕业专业管理、学分要求管理、毕业资格审查、毕业学生信息六个功能。毕业管理结构如图 3.45 所示。

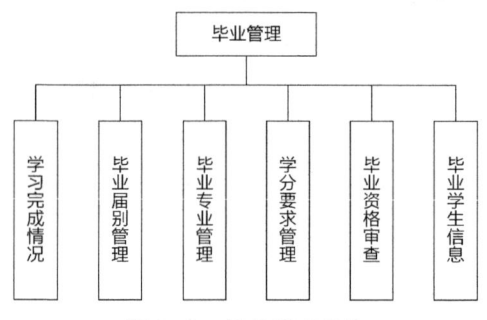

图 3.45 毕业管理结构

在业务流程上，首先要设置毕业审核的限制条件，包括毕业届别设置、毕业专业设置和毕业学分要求设置。毕业届别设置是设置当前毕业年级；毕业专业设置是设置当前可毕业的专业；毕业学分要求设置是设置学生毕业的学分要求。这些限制条件设置好后就可以进行毕业审核，因毕业学生量较大，各学院也需要掌握学生的毕业情况，因此学院教务管理员及教务管理员都应该有毕业审核的权限，并且可以学院为单位进行毕业审核。毕业审核完成后，学院教务管理员可查看学生毕业情况并告知学生，提前做好学生的毕业预告工作。学生也可以在学习完成情况中查询自己的课程修读情况。毕业管理时序如图 3.46 所示，毕业管理活动如图 3.47 所示。

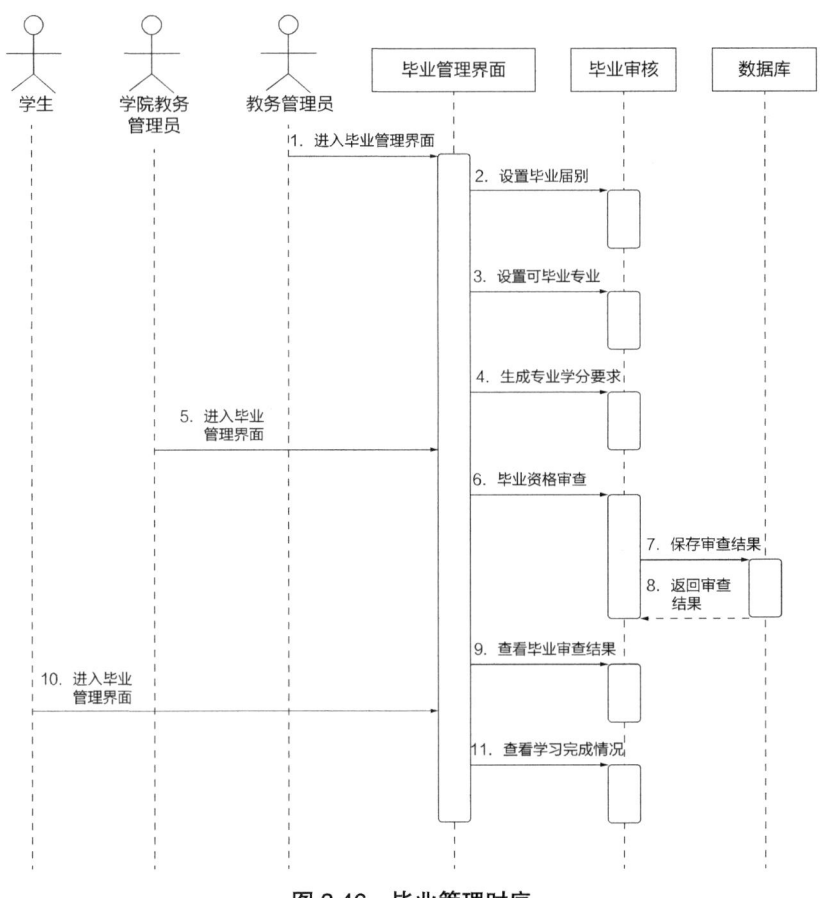

图 3.46　毕业管理时序

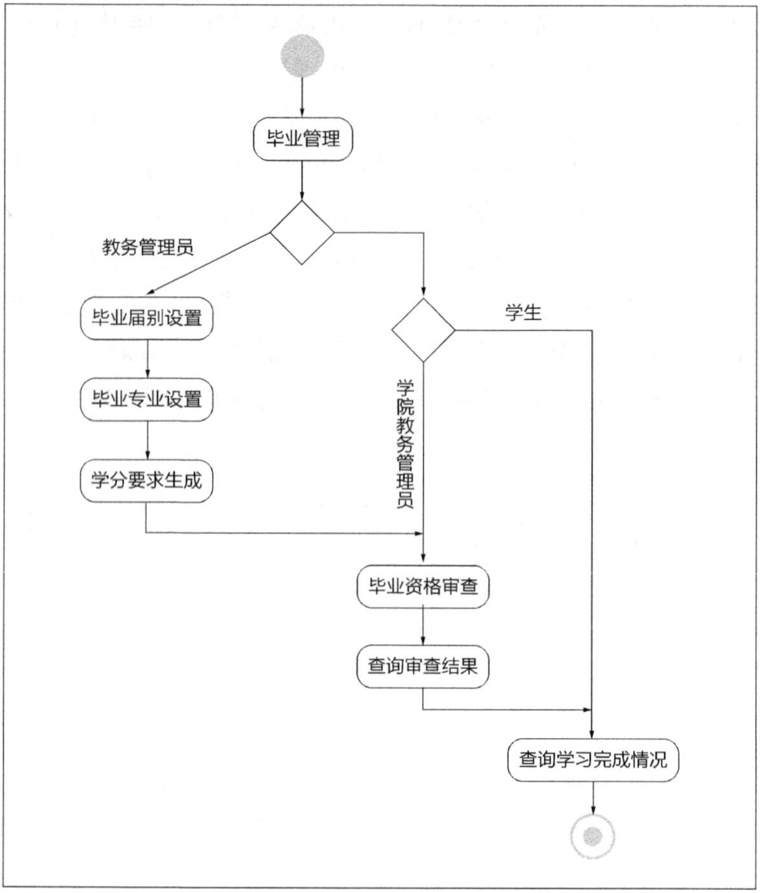

图 3.47 毕业管理活动

（十三） 教学评价管理模块功能设计

教学评价是学生对任课教师的上课质量进行打分，教学评价管理模块是管理学生评价并对学生评价数据进行统计分析的模块。该模块包括评价课程类别、评价类型管理、评价轮次管理、评价指标管理、评价数据管理、学生评价信息、评价统计查询、学生评价中心八个功能。教学评价管理结构如图 3.48 所示。

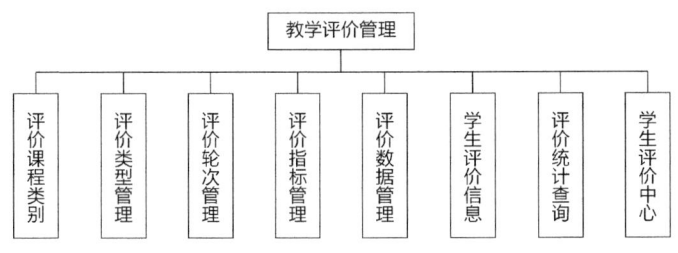

图 3.48　教学评价管理结

在业务流程上,首先需要设置学生评价的相关参数,包括评价课程类别设置、评价类型管理设置、评价轮次管理设置及评价指标管理设置。评价课程类别设置是建立课程评价的类别,如理论课程类别、实践课程类别、班级导师类别等;评价类型管理设置是设置课程评价的类型,如客观评价、主观评价等;评价轮次管理设置是设置课程评价的轮次及相关参数,包括轮次名称、评价类别、评价类型、学生评价时间、教师查看评价结果时间、评价总分、评价方式等;评价指标管理设置是设置评价的具体项目,包括一级评价指标和二级评价指标。一级评价指标包括课堂教学质量评价指标、课堂活动评价指标、课后指导评价指标、作业批改评价指标等。二级评价指标是对一级评价指标的详细设置,一般是答题方式,设置选择题目,如课堂讲授是否熟练、表达是否流畅等,并设置答题选项,如符合、基本符合、不符合等,并设置不同选项对应的得分。评价相关参数设置好后,教务管理员就可以生成评价课程的数据,数据来源还是选课课程管理中的选课数据,包括课程号、课程名、任课教师、选课人数、参评人数、参评率、平均分等,然后学生就可以在设置好的时间段进行评价。学生评价完成后,教务管理员可生成学生评价信息清单,包括学生姓名、学号、班级、所在学院、评价课程、评价老师、总评分数等,可按教师汇总统计评价结果生成统计清单,包括任课教师、所属单位、平均分、参评率、学院排名、全校排名,还可以按课堂汇总统计评价结果生成统计清单,包括课程名、课程号、课序号、任课教师、平均分、参评率、学院排名、全校排名。教学评价管理时序如图 3.49 所示,教学评价管理活动如图 3.50 所示。

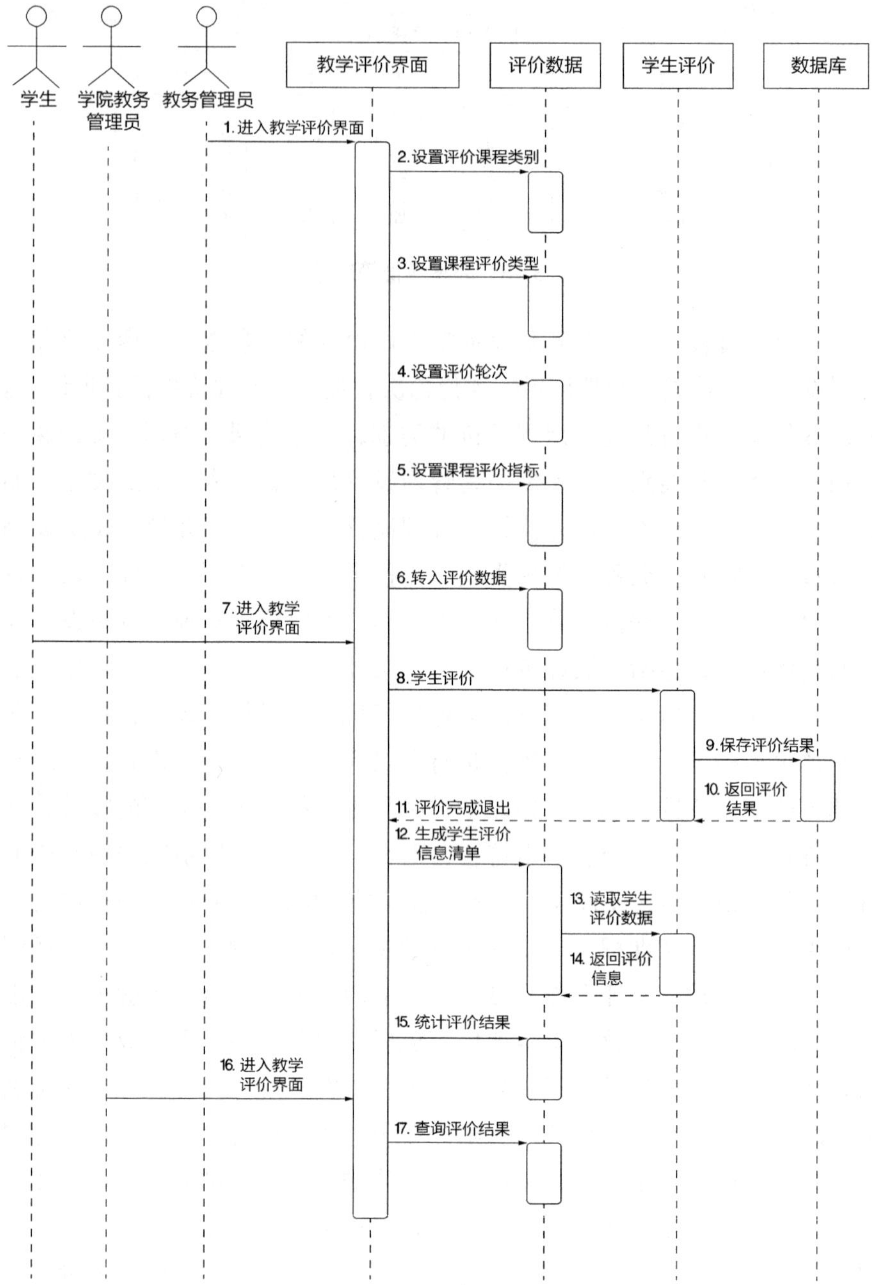

图 3.49 教学评价管理时序

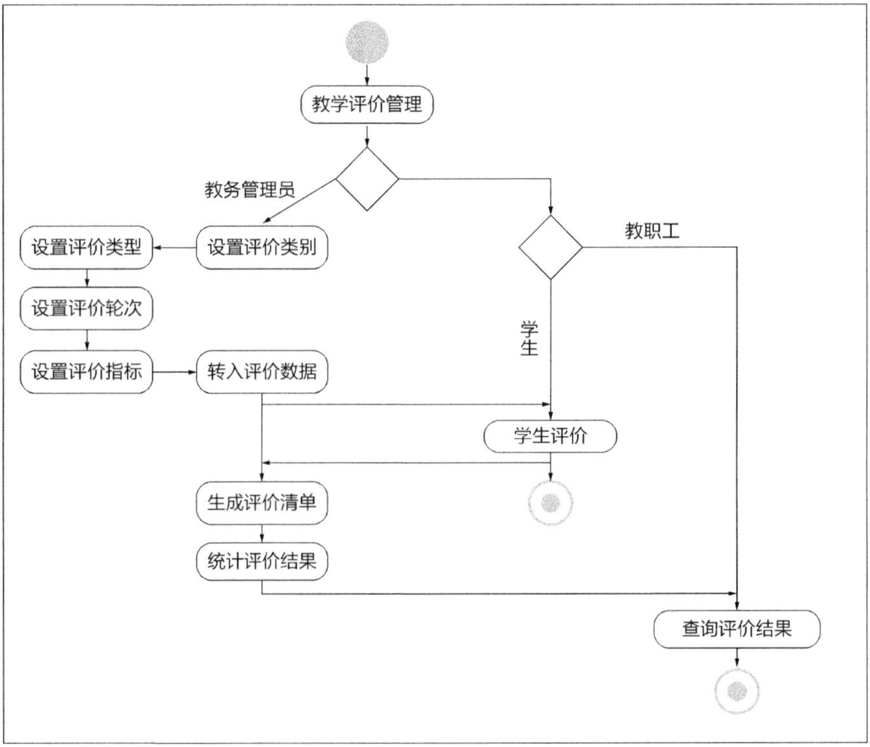

图 3.50　教学评价管理活动

（十四）日常运行管理模块功能设计

日常运行管理模块是管理一些日常性的工作，本系统设计了教室借用管理、教师调停课及工作量核算三个模块。日常运行管理结构如图 3.51 所示。

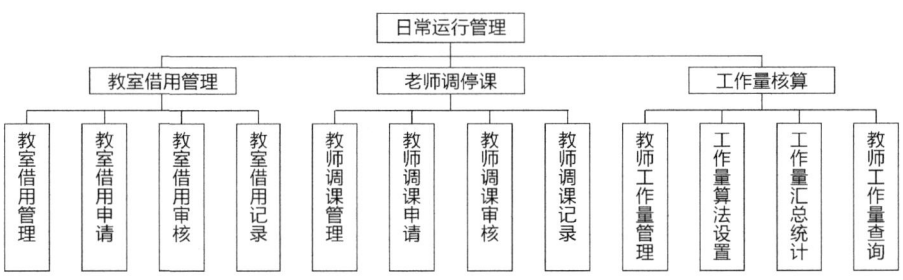

图 3.51　日常运行管理结构

日常教室借用管理模块在业务流程上，首先教务管理员需要导入教室数据，然后对可以借用的教室数据进行维护，包括增加、删除、修改及查询教室信息，教室借用的基础数据维护准确才能保证教室借用工作的顺利进行。接着学院教务管理员、教职工和学生就可以在系统中申请教室借用，由教务管理员进行审核，审核通过则在教室信息列表中显示该时间点占用，借用人员就可以打印教室借用单使用教室，审核不通过则返回借用申请。这些申请都会进入教室借用记录列表中，供教务管理员查询。日常教室借用管理时序如图3.52所示，日常教室借用管理活动如图3.53所示。

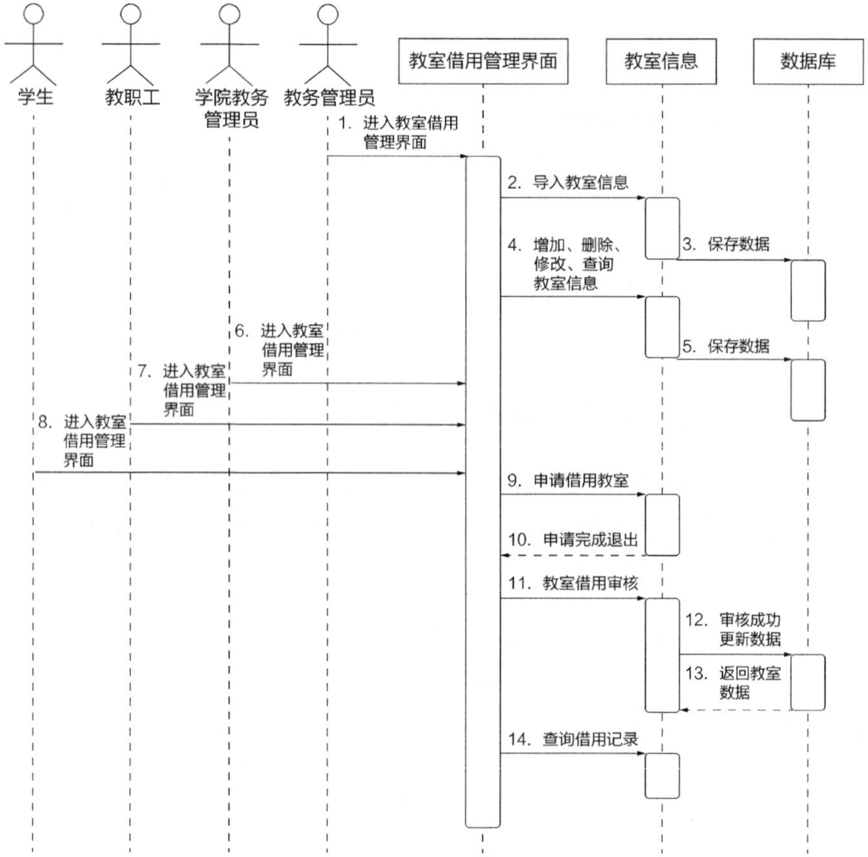

图 3.52 日常教室借用管理时序

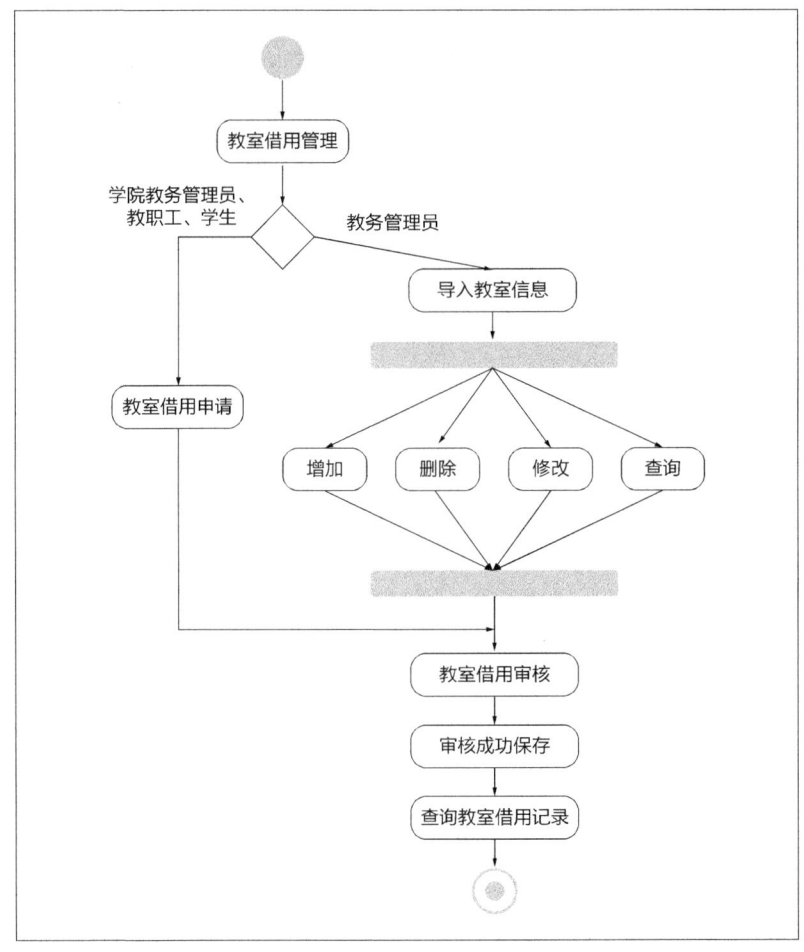

图 3.53 日常教室借用管理活动

教师调停课管理在业务流程上，首先教务管理员需要设置申请调课的起始时间，以及可申请的调课类型，然后任课教师在调课时间内就可以进行调课申请，由教务管理员或学院教务管理员进行审核，审核通过则更新课表数据，审核不通过则返回申请。这些申请都会进入教师调课记录列表中，供教务管理员和学院教务管理员查询。教师调停课管理时序如图 3.54 所示，教师调停课管理活动如图 3.55 所示。

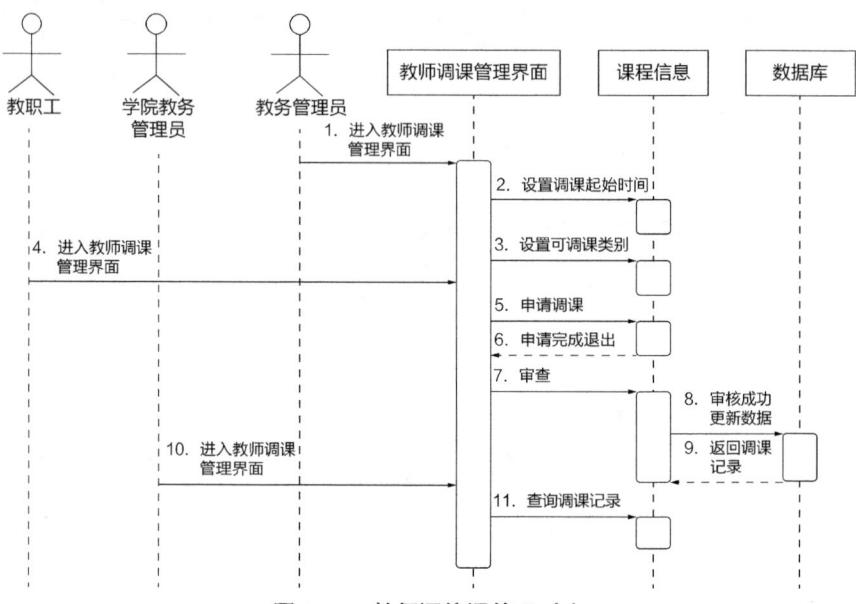

图 3.54 教师调停课管理时序

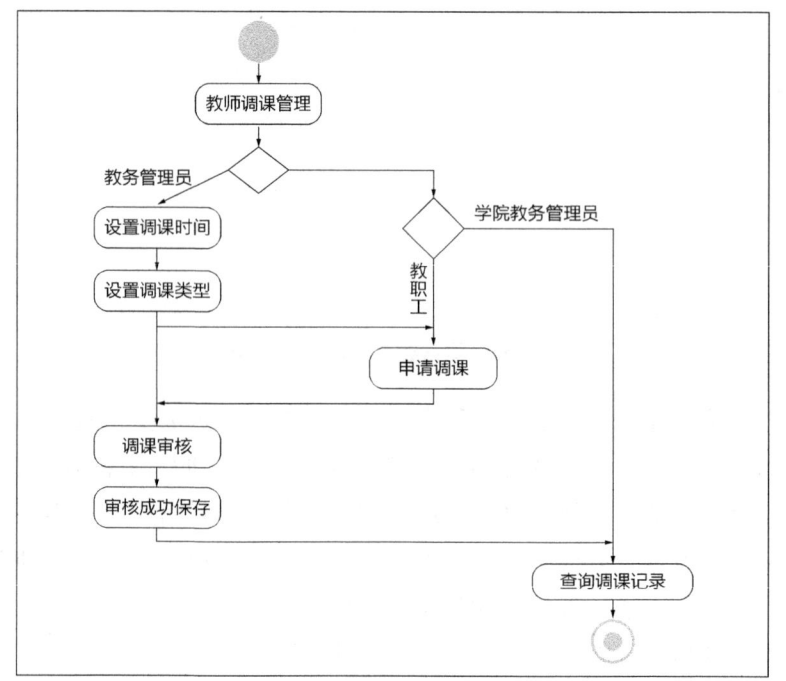

图 3.55 教师调停课管理活动

工作量的核算在业务流程上，首先教务管理员需要设置工作量计算包含哪些课程类型，例如双语课、新开课、实验课、慕课等，因为不同类型课程的系数不同。然后根据设置好的需要算出工作量的课程类型，按选课课程管理中的课程数据生成每学期的工作量计算数据列表，列表中需包括课程名、课程号、任课教师名、课程学时、学分、选课人数、是否双语课、是否新开课、否双实验课、否双慕课等，接着学院教务管理员就可以录入各学院教师所授课程的课程类型。准确的基础数据是后续工作量统计正确无误的基础，在确保工作量计算的基础数据维护好后，教务管理员就可以开始设置不同课程类型的系数及工作量的计算公式，设置好后就可以进行工作量的数据统计。工作量的统计是根据教师工作量中的教师授课情况及课程类型，按照工作量算法设置中的参数和算法，汇总统计教师工作量并生成报表，报表中应包括教师名、教工号、所授课程总学时、课堂系数、课程系数、总工作量等。统计完成的教师工作量可进行导出或查询。工作量核算时序如图 3.56 所示，工作量核算活动如图 3.57 所示。

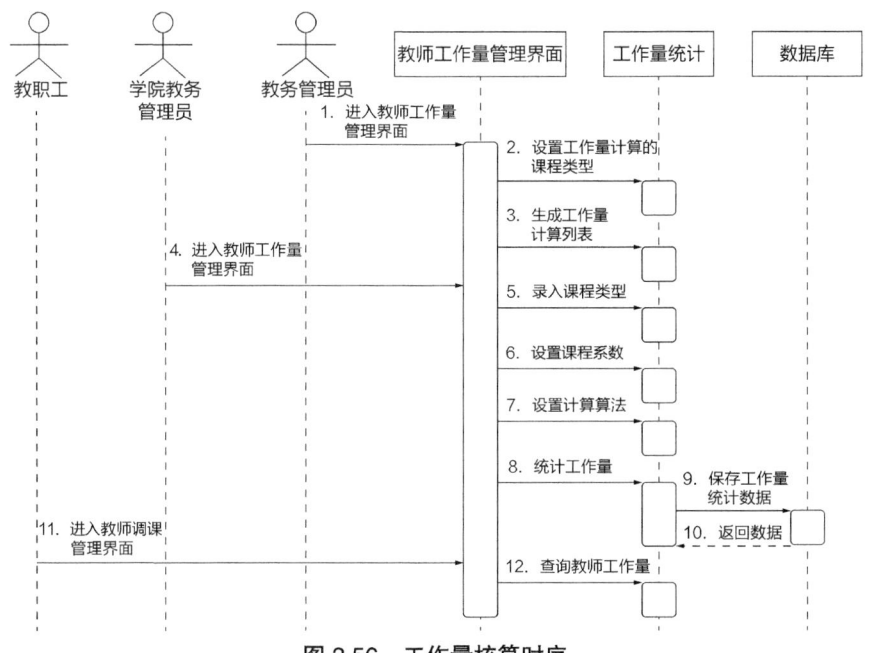

图 3.56　工作量核算时序

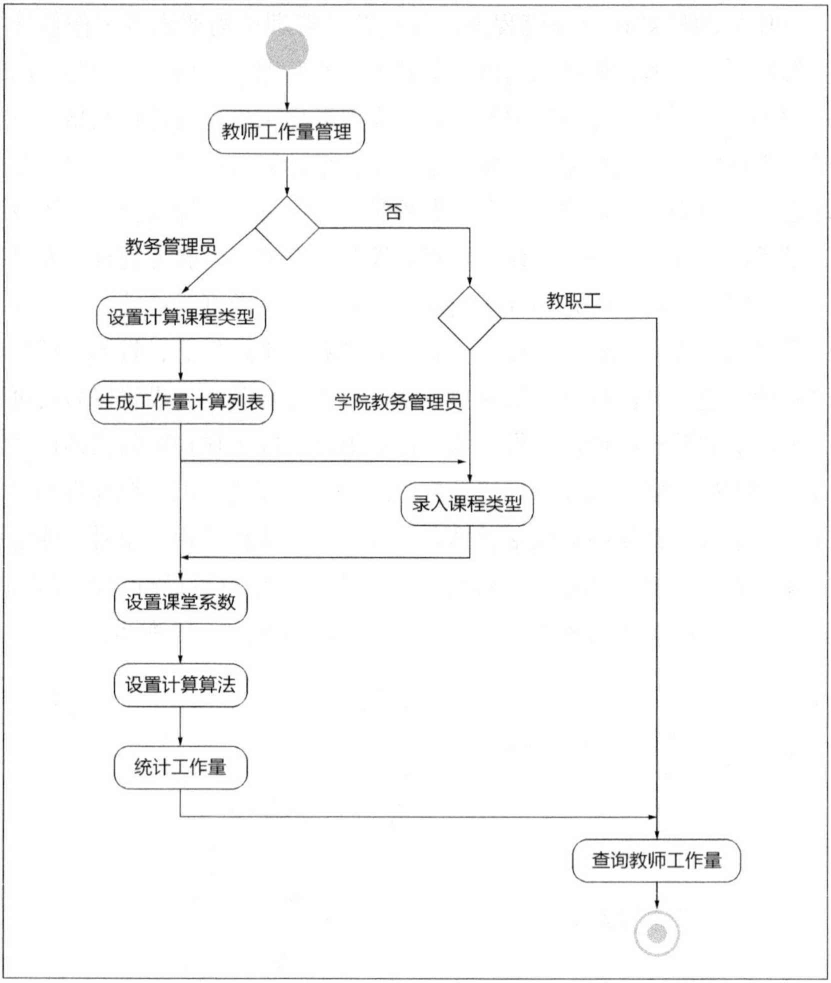

图 3.57 工作量核算活动

第四章 数据库设计

数据库设计是指根据系统的功能需求对系统数据库存储结构进行设计。数据库设计的好坏直接影响着服务层与数据层进行数据交互效率高低和系统整体运行的稳定性。本书根据数据库的相关理论来设计数据库表，为了使数据处理更加高效，需要设定结构清晰、含有约束条件的数据库表，组成本系统的数据库，让本系统能够更加高效地存储和处理数据，以适应用户的各种应用需求。并且为了满足系统日后升级和扩展的需要，每个数据库逻辑结构的设计要预留对应的扩展字段，从而当系统功能升级时，不需要修改对应的存储结构便可以完成系统业务升级的改造。数据库详细设计过程中，要根据具体的存储结构设置对应的表名，每个表名的设置过程中，要能够具体代表该表的功能，从而使开发人员和维护人员能够根据数据库逻辑结构的表名知道具体的功能。根据教务管理系统概念结构设计部分，对系统数据库主要数据表进行设计，包括字段名称、字段描述、数据类型、字段长度、允许空和字段描述等数据信息。本系统涉及的数据表较多，这里将部分重要数据表详细说明如下。

一、业务活动主体

（一）教师

根据前述教师角色的功能，对教职工信息表（JZG01）进行具体设计。字段包括教职工档案信息数据，如教职工编号、教职工工号、教职工姓名、教职工英文名、教职工性别、教职工出生日期、教职工籍贯、教职工身份证号、教职工职称、教职工电话、教职工学历及教职工状态。JZG01 表的字段说明如表 4.1 所示。

表 4.1 教职工基本信息（JZG01）

序号	字段名称	字段描述	数据类型	字段长度	允许空
1	JZG_ID	教职工编号	VARCHAR2	20	NOTNULL
2	JZG_Number	教职工工号，学校编的教职工号	VARCHAR2	20	NOTNULL
3	JZG_Name	教职工姓名，少数民族人员姓名会比较长	VARCHAR2	30	NOTNULL
4	JZG_Ename	教职工英文名	VARCHAR2	30	NULL
5	JZG_Sex	教职工性别	VARCHAR2	1	NOTNULL
6	JZG_Birth	教职工出生日期	VARCHAR2	20	NULL
7	JZG_Native	教职工籍贯	VARCHAR2	20	NULL
8	JZG_Identify	教职工身份证号	VARCHAR2	20	NULL
9	JZG_Position	教职工职称	VARCHAR2	15	NULL
10	JZG_Tel	教职工电话	VARCHAR2	20	NULL
11	JZG_Degree	教职工学历	VARCHAR2	15	NULL
	JZG_Status	教职工状态，当前状态：两位代码的第一位 0 表示不在职，1 表示在职	VARCHAR2	2	NOTNULL

（二）学生

根据学生角色在系统中的功能及特点，设计学生信息表（XS01）。字段包括学生编号、学号、学生姓名、学生英文名、学生性别、学生出生日期、学生民族、学生籍贯、学生身份证号、学生所属学院、学生入学日期、学生专业、学生班级、学生家庭住址、政治面貌及学籍状态。XS01 表的字段说明如表 4.2 所示。

表 4.2 学生基本信息（XS01）

序号	字段名称	字段描述	数据类型	字段长度	允许空
1	XS_ID	学生编号	VARCHAR2	20	NOTNULL
2	XS_Number	学号，学校编的学号	VARCHAR2	20	NOTNULL
3	XS_Name	学生姓名，少数民族人员姓名会比较长	VARCHAR2	30	NOTNULL
4	XS_Ename	学生英文名	VARCHAR2	30	NULL
5	XS_Sex	学生性别	VARCHAR2	1	NOTNULL
6	XS_Birth	学生出生日期	VARCHAR2	20	NULL
7	XS_Nation	学生民族	VARCHAR2	20	NULL
8	XS_Native	学生籍贯	VARCHAR2	20	NULL
9	XS_Identify	学生身份证号	VARCHAR2	20	NULL
10	XS_Department	学生所属学院	VARCHAR2	30	NULL
11	XS_Admission Date	学生入学日期	VARCHAR2	4	NOTNULL
12	XS_Major	学生专业	VARCHAR2	30	NULL
13	XS_Class	学生班级	VARCHAR2	10	NOTNULL
14	XS_Address	学生家庭住址	VARCHAR2	50	NULL
15	XS_Political Affiliation	政治面貌码，采用简称：01—共产党员，02-共产党预备党员，03-共青团员等	VARCHAR2	2	NULL
16	XS_Status	学籍状态码，采用简称：01—在读，02-休学，03-退学，04-延长学制等	VARCHAR2	2	NOTNULL

二、教学资源

（一）教学管理机构

根据高校教学管理机构所需要的信息及在系统中的功能，设计单位基本信息表（DW01），用来存储教学单位的信息。字段包括单位 ID 编号、单位号、单位名称、单位英文名、单位地址、单位电话、单位类别及单位状态。DW01 表的字段说明如表 4.3 所示。

表 4.3　单位基本信息表（DW01）

序号	字段名称	字段描述	数据类型	字段长度	允许空
1	DW_ID	单位 ID 编号	VARCHAR2	20	NOTNULL
2	DW_Number	单位号，学校编的单位代码	VARCHAR2	20	NOTNULL
3	DW_Name	单位名称	VARCHAR2	30	NOTNULL
4	DW_Ename	单位英文名	VARCHAR2	30	NULL
5	DW_Address	单位地址	VARCHAR2	50	NULL
6	DW_Tel	单位电话	VARCHAR2	20	NULL
7	DW_Type	单位类别，采用简称：01 —管理部门，02- 开课单位，03- 其他	VARCHAR2	2	NULL
8	DW_Status	单位状态，当前状态：两位代码的第一位 0 表示有效，1 表示无效	VARCHAR2	1	NOTNULL

（二）教室资源

根据教室使用的需要，设计教室基本信息表（JX0601）。字段包括教室 ID 编号、教室号、教室名称、所属校区、所属教学楼、所属单位、教室类型、有效座位数、考试座位数、是否可用、是否可借用及教室描述。JS01 表的字段说明如表 4.4 所示。

表 4.4　教室基本信息表（JS01）

序号	字段名称	字段描述	数据类型	字段长度	允许空
1	JS_ID	教室 ID 编号	VARCHAR2	20	NOTNULL
2	JS_Number	教室号，学校编的教室代码	VARCHAR2	20	NOTNULL

续表

序号	字段名称	字段描述	数据类型	字段长度	允许空
3	JS_Name	教室名称	VARCHAR2	30	NOTNULL
4	JS_Campus	所属校区	VARCHAR2	30	NOTNULL
5	JS_Building	所属教学楼	VARCHAR2	20	NOTNULL
6	JS_Unit	所属单位	VARCHAR2	30	NULL
7	JS_Type	教室类型，采用简称：01-多媒体教室、02-实验室、03-机房等	VARCHAR2	2	NOTNULL
8	JS_Seats	有效座位数	NUMBER	4	NOTNULL
9	JS_Test seats	考试座位数	NUMBER	4	NOTNULL
10	JS_Use	是否可用，状态1表示是，0表是否	VARCHAR2	1	NOTNULL
11	JS_Lend	是否可借用，1表示是，0表是否	VARCHAR2	1	NOTNULL
12	JS_Description	教室描述	VARCHAR2	1000	NULL

（三）专业

根据高校教学管理机构的管理需要，设计专业信息表（ZY01）。字段包括专业ID编号、专业号、专业名称、专业英文名、专业简称、专业类别、所属单位、学科门类、专业状态及备注。ZY01表的字段说明如表4.5所示。

表 4.5 专业信息表（ZY01）

序号	字段名称	字段描述	数据类型	字段长度	允许空
1	ZY_ID	专业ID编号	VARCHAR2	20	NOTNULL
2	ZY_Number	专业号，学校编的专业代码	VARCHAR2	20	NOTNULL
3	ZY_Name	专业名称	VARCHAR2	30	NOTNULL
4	ZY_Ename	专业英文名	VARCHAR2	30	NULL
5	ZY_Abbreviation	专业简称	VARCHAR2	30	NULL
6	ZY_Type	专业类别，标识01-大类、02-专业类、03-方向类等	VARCHAR2	2	NULL

续表

序号	字段名称	字段描述	数据类型	字段长度	允许空
7	ZY_Unit	所属单位，关联单位基本信息表（DW01）中 DW_ID	VARCHAR2	30	NULL
8	ZY_Subject	学科门类，标识 01-哲学、02-经济学、03-法学、04-教育学、05文学等	VARCHAR2	2	NULL
9	ZY_Status	专业状态：1表示有效，0表示无效	VARCHAR2	1	NOTNULL
10	ZY_Remark	备注	VARCHAR2	1000	NULL

（四）班级

根据高校教学管理方式的需要，设计班级信息表（ZY01）。字段包括班级 ID 编号、班级号、班级名称、所属专业、所属单位、所属校区、所属年度、班级人数、班级状态及备注。BJ01 表的字段说明如表 4.6 所示。

表 4.6 班级信息表（BJ01）

序号	字段名称	字段描述	数据类型	字段长度	允许空
1	BJ_ID	班级 ID 编号	VARCHAR2	20	NOTNULL
2	BJ_Number	班级号，学校编的班级代码	VARCHAR2	20	NOTNULL
3	BJ_Name	班级名称	VARCHAR2	20	NOTNULL
4	BJ_Major	所属专业，关联专业信息表（ZY01）中的专业 ZY_ID	VARCHAR2	20	NULL
5	BJ_Unit	所属单位，关联单位基本信息表（DW01）中 DW_ID	VARCHAR2	30	NULL
6	BJ_Campus	所属校区，关联校区基本信息表（XQ01）中 XQ_ID	VARCHAR2	30	NULL
7	BJ_Grade	所属年度	VARCHAR2	4	NULL
8	BJ_Students	班级人数	VARCHAR2	3	NULL
9	BJ_Status	有效状态：0表示无效，1表示有效	VARCHAR2	1	NOTNULL
10	BJ_Remark	备注	VARCHAR2	1000	NULL

（五）课程信息

根据高校教学管理及课程建设的需要，设计课程信息表（KC01）。字段包括课程 ID 编号、课程号、课程名、课程英文名、开课单位、课程学分、课程学时、课程性质、课程类别、课程状态及课程简介。KC01 表的字段说明如表 4.7 所示。

表 4.7 课程信息表（KC01）

序号	字段名称	字段描述	数据类型	字段长度	允许空
1	KC_ID	课程 ID 编号	VARCHAR2	20	NOTNULL
2	KC_Number	课程号	VARCHAR2	20	NOTNULL
3	KC_Name	课程名	VARCHAR2	50	NOTNULL
4	KC_Ename	课程英文名	VARCHAR2	30	NULL
5	KC_Department	开课单位，关联单位基本信息表（DW01）中 DW_ID	VARCHAR2	30	NULL
6	KC_Credit	课程学分	NUMBER	4, 2	NOTNULL
7	KC_During	课程学时	NUMBER	5, 1	NOTNULL
8	KC_Nature	课程性质	VARCHAR2	10	NULL
9	KC_Type	课程类别	VARCHAR2	20	NULL
10	KC_Status	课程状态	VARCHAR2	2	NOTNULL
7	KC_Bintroduction	课程简介	VARCHAR2	1000	NULL

三、教务管理业务活动

（一）培养方案

根据培养方案制定的需要，设计培养方案专业列表（PY01）和专业培养方案课程表（PY02）。培养方案专业列表的字段包括培养方案列表 ID、培养方案名称、培养方案版本年度、所属院系、所属专业、总学分要求、培养目标及培养方案简介，PY01 表的字段说明如表 4.8 所示。专业培养方案课程表的字段包括专业培养方案 ID、课程体系、课程性质、课程号、课程名、学时、学分、开课单位、开课学期及所属方向，PY02 表的字段说明如表 4.9 所示。

表 4.8　培养方案专业列表（PY01）

序号	字段名称	字段描述	数据类型	字段长度	允许空
1	PY_ID	培养方案列表 ID	VARCHAR2	20	NOTNULL
2	PY_Name	培养方案名称	VARCHAR2	20	NOTNULL
3	PY_Year	培养方案版本年度	VARCHAR2	4	NOTNULL
4	PY_Department	所属院系，关联单位基本信息表（DW01）中 DW_ID	VARCHAR2	30	NULL
5	PY_Major	所属专业，关联专业信息表（ZY01）中的专业 ZY_ID	VARCHAR2	30	NULL
6	PY_Tcredits	总学分要求	NUMBER	5，2	NULL
7	PY_Objective	培养目标	VARCHAR2	500	NULL
8	PY_Introduction	培养方案简介	VARCHAR2	500	NULL

表 4.9　专业培养方案课程表（PY02）

序号	字段名称	字段描述	数据类型	字段长度	允许空
1	PY_ID	专业培养方案 ID	VARCHAR2	20	NOTNULL
2	PY_KCSystem	课程体系	VARCHAR2	20	NOTNULL
3	PY_KCNature	课程性质	VARCHAR2	10	NOTNULL
4	PY_KCNumber	课程号，关联课程信息表（KC01）中的 KC_ID	VARCHAR2	20	NOTNULL
5	PY_KCName	课程名	VARCHAR2	50	NOTNULL
6	PY_KCDuring	学时	NUMBER	5，1	NULL
7	PY_KCCredit	学分	NUMBER	4，2	NULL

续表

序号	字段名称	字段描述	数据类型	字段长度	允许空
8	PY_KCDepartment	开课单位，关联单位基本信息表（DW01）中DW_ID	VARCHAR2	30	NULL
9	PY_KCTerm	开课学期	VARCHAR2	1	NOTNULL
10	PY_Direction	所属方向	VARCHAR2	20	NULL

（二）教学安排

根据高校教学安排的需求，设计教学安排数据表（JXAP01）。字段包括教学安排ID号、课程号ID、课程名、课序号、开课单位、教师名、课程性质、学时、学分、合班名称、合班人数、排课周次、排课类别、排课状态、开课校区、课程类型及备注。JXAP01表的字段说明如表4.10所示。

表 4.10 教学安排数据表（JXAP01）

序号	字段名称	字段描述	数据类型	字段长度	允许空
1	JX_ID	教学安排ID号	VARCHAR2	20	NOTNULL
2	JX_KCNumber	课程号ID，关联课程信息表（KC01）中的KC_ID	VARCHAR2	20	NOTNULL
3	JX_KCName	课程名	VARCHAR2	50	NOTNULL
4	JX_KXH	课序号	VARCHAR2	3	NULL
5	JX_KCDepartment	开课单位，关联单位基本信息表（DW01）中DW_ID	VARCHAR2	30	NULL
6	JX_Teachername	教师名，关联教职工信息表（JZG01）中JZG_ID	VARCHAR2	30	NULL
7	JX_KCNature	课程性质，标识01-必修、02-限选、03-任选、04-通选等	VARCHAR2	2	NULL
8	JX_KCDuring	学时	NUMBER	5，1	NULL
9	JX_KCCredit	学分	NUMBER	4，2	NULL

续表

序号	字段名称	字段描述	数据类型	字段长度	允许空
10	JX_Hbname	合班名称	VARCHAR2	100	NULL
11	JX_Pkstudents	合班人数	VARCHAR2	5	NULL
12	JX_Pkweeks	排课周次	VARCHAR2	3	NULL
13	JX_PkType	排课类别	VARCHAR2	30	NULL
14	JX_PkStatus	排课状态，标识01-已排、02-未排、03-锁定等	VARCHAR2	2	NULL
15	JX_Campus	开课校区，关联校区基本信息表（XQ01）中XQ_ID	VARCHAR2	20	NULL
16	JX_Category	课程类型，标识01-正常、02-补考、03-重修、04-辅修等	VARCHAR2	2	NOTNULL
17	JX_Remark	备注	VARCHAR2	50	NULL

（三）课表编排

根据课表编排的需要，设计排课数据表（PK01）。字段包括ID编号、学年学期、课程号、课程名、课序号、任课教师、上课班级、课程性质、学时、学分、上课时间、上课周次、上课教室、已排学时、排课类别、排课状态及备注。PK01表的字段说明如表4.11所示。

表 4.11 排课数据表（PK01）

序号	字段名称	字段描述	数据类型	字段长度	允许空
1	PK_ID	ID 编号	VARCHAR2	20	NOTNULL
2	PK_XNXQ	学年学期	VARCHAR2	20	NOTNULL
3	PK_Kcnumber	课程号，关联课程信息表（KC01）中的KC_ID	VARCHAR2	20	NOTNULL
4	PK_Kcname	课程名	VARCHAR2	50	NOTNULL
5	PK_KXH	课序号	VARCHAR2	3	NOTNULL
6	PK_Teacher	任课教师，关联教职工信息表（JZG01）中JZG_ID	VARCHAR2	20	NULL

续表

序号	字段名称	字段描述	数据类型	字段长度	允许空
7	PK_Class	上课班级	VARCHAR2	100	NULL
8	PK_KCNature	课程性质，标识01-必修、02-限选、03-任选、04-通选等	VARCHAR2	2	NOTNULL
9	PK_KCDuring	学时	NUMBER	5，1	NULL
10	PK_KCCredit	学分	NUMBER	4，2	NULL
11	PK_Time	上课时间	VARCHAR2	20	NULL
12	PK_Week	上课周次	VARCHAR2	20	NULL
13	PK_Classroom	上课教室，关联教室基本信息表（JS01）中JS_ID	VARCHAR2	20	NULL
14	PK_YPDuring	已排学时	NUMBER	5，1	NULL
15	PK_Type	排课类别	VARCHAR2	30	NULL
16	PK_Status	排课状态：标识01-已排、02-未排、03-锁定等	VARCHAR2	2	NULL
17	PK_Remark	备注	VARCHAR2	50	NULL

（四）选课管理

根据选课管理的需要，设计选课数据表（XK01）。字段包括ID编号、课程号、课程名、课序号、合班名称、上课校区、开课单位、学时、学分、任课教师、上课时间、上课周次、上课教室、座位数、限选人数、选课人数、课程性质、是否停课、是否开放及备注。XK01表的字段说明如表4.12所示。

表4.12 选课数据表（XK01）

序号	字段名称	字段描述	数据类型	字段长度	允许空
1	XK_ID	ID编号	VARCHAR2	20	NOTNULL
2	XK_Kcnumber	课程号，关联课程信息表（KC01）中的KC_ID	VARCHAR2	20	NOTNULL

续表

序号	字段名称	字段描述	数据类型	字段长度	允许空
3	XK_Kcname	课程名	VARCHAR2	50	NOTNULL
4	XK_KXH	课序号	VARCHAR2	3	NOTNULL
5	XK_Hbname	合班名称	VARCHAR2	100	NULL
6	XK_Campus	上课校区，关联校区基本信息表（XQ01）中 XQ_ID	VARCHAR2	30	NULL
7	XK_Department	开课单位，关联单位基本信息表（DW01）中 DW_ID	VARCHAR2	30	NULL
8	XK_During	学时	NUMBER	5，1	NULL
9	XK_Credit	学分	NUMBER	4，2	NULL
10	XK_Teacher	任课教师，关联教职工信息表（JZG01）中 JZG_ID	VARCHAR2	20	NULL
11	XK_Time	上课时间	VARCHAR2	20	NULL
12	XK_Week	上课周次	VARCHAR2	20	NULL
13	XK_Classroom	上课教室，关联教室基本信息表（JS01）中 JS_ID	VARCHAR2	20	NULL
14	XK_Seats	座位数	VARCHAR2	4	NOTNULL
15	XK_XXStudent	限选人数	VARCHAR2	5	NOTNULL
16	XK_XKStudents	选课人数	VARCHAR2	5	NOTNULL
17	XK_Nature	课程性质，标识01-必修、02-限选、03-任选、04-通选等	VARCHAR2	2	NULL
18	XK_Cancel	是否停课，标识0表示是，1表示否	VARCHAR2	1	NOTNULL
19	XK_Open	是否开放，标识0表示是，1表示否	VARCHAR2	1	NOTNULL
20	XK_Remark	备注	VARCHAR2	50	NULL

（五）考务管理

考试安排的数据是根据学生选课数据生成的，因此考试数据表与选课数据表的字段基本相同。考试数据汇总表是将考试数据表进行汇总，统计不同课程的数据信息，以此为基础进行排考。考试数据汇总表（KS01）的字段包括 ID 编号、试卷编号、课程名、开课单位、考试人数、考试区域、主考人、排考状态及备注。KS01 表的字段说明如表 4.13 所示。

表 4.13 考试数据汇总表（KS01）

序号	字段名称	字段描述	数据类型	字段长度	允许空
1	KS_ID	ID 编号	VARCHAR2	20	NOTNULL
2	KS_SJID	试卷编号	VARCHAR2	20	NOTNULL
3	KS_Kcname	课程名	VARCHAR2	50	NOTNULL
4	KS_Department	开课单位	VARCHAR2	30	NOTNULL
5	KS_Students	考试人数	VARCHAR2	5	NULL
6	KS_Earea	考试区域	VARCHAR2	20	NULL
7	KS_Examiners	主考人	VARCHAR2	20	NULL
8	KS_Status	排考状态：标识 01-已排、02-未排、03-锁定等	VARCHAR2	2	NULL
9	KS_Remark	备注	VARCHAR2	500	NULL

排考结束后，不同课堂的考试安排情况显示在考试安排表（KS02）中，字段包括 ID 编号、试卷编号、课程号、课程名、开课单位、任课教师、上课院系、上课班级、考试人数、考试地点、考场容量、考试日期、考试节次、考试时间点、主监考、副监考及备注。KS02 表的字段说明如表 4.14 所示。

表 4.14 考试安排表（KS02）

序号	字段名称	字段描述	数据类型	字段长度	允许空
1	KS_ID02	ID 编号	VARCHAR2	20	NOTNULL

续表

序号	字段名称	字段描述	数据类型	字段长度	允许空
2	KS_SJID02	试卷编号	VARCHAR2	30	NOTNULL
3	KS_KXH	课程号	VARCHAR2	20	NOTNULL
4	KS_Kcname02	课程名	VARCHAR2	50	NOTNULL
5	KS_Department02	开课单位	VARCHAR2	30	NULL
6	KS_Teacher	任课教师,关联教职工信息表(JZG01)中JZG_ID	VARCHAR2	20	NULL
7	KS_XSDepartment	上课院系	VARCHAR2	30	NULL
8	KS_XSClass	上课班级	VARCHAR2	100	NULL
9	KS_Students02	考试人数	VARCHAR2	5	NULL
10	KS_Place	考试地点	VARCHAR2	30	NULL
11	KS_Capacity	考场容量	VARCHAR2	5	NULL
12	KS_Date	考试日期	VARCHAR2	20	NULL
13	KS_JC	考试节次	VARCHAR2	20	NULL
14	KS_Time	考试时间点	VARCHAR2	30	NULL
15	KS_Monitor1	主监考,关联教职工信息表(JZG01)中JZG_ID	VARCHAR2	20	NULL
16	KS_Monitor2	副监考,关联教职工信息表(JZG01)中JZG_ID	VARCHAR2	20	NULL
17	KS_Remark02	备注	VARCHAR2	500	NULL

(六) 成绩管理

任课教师在教务管理系统中录入学生成绩,录入完成提交后,生成学生成绩总表(CJ01)。根据成绩管理的需要,设计学生成绩总表,字段包括成绩ID、学生学号、学生姓名、开课学期、所属院系、班级名称、课程号、课程名、课序号、平时成绩、期中成绩、期末成绩、总成绩、成绩标识、课程性质、学时、学分、开课单位、录入人及备注。CJ01表的字段说明如表4.15所示。

表 4.15 学生成绩总表（CJ01）

序号	字段名称	字段描述	数据类型	字段长度	允许空
1	CJ_ID	成绩 ID	VARCHAR2	20	NOTNULL
2	CJ_XH	学生学号	VARCHAR2	30	NOTNULL
3	CJ_XM	学生姓名	VARCHAR2	30	NOTNULL
4	CJ_XQ	开课学期	VARCHAR2	30	NULL
5	CJ_XSDepartment	所属院系	VARCHAR2	30	NULL
6	CJ_BJ	班级名称	VARCHAR2	20	NULL
7	CJ_KXH	课程号	VARCHAR2	20	NOTNULL
8	CJ_Kcname	课程名	VARCHAR2	50	NOTNULL
9	CJ_KXH	课序号	VARCHAR2	3	NOTNULL
10	CJ_PSgrades	平时成绩	NUMBER	5，2	NULL
11	CJ_QZgrades	期中成绩	NUMBER	5，2	NULL
12	CJ_QMgrades	期末成绩	NUMBER	5，2	NULL
13	CJ_Zgrades	总成绩	NUMBER	5，2	NULL
14	CJ_Mark	成绩标识，标识01-重修、02-缓考、03-补考等	VARCHAR2	2	NULL
15	CJ_KCNature	课程性质，标识01-必修、02-限选、03-任选、04-通选等	VARCHAR2	2	NULL
16	CJ_During	学时	NUMBER	5，1	NULL
17	CJ_Credit	学分	NUMBER	4，2	NULL
18	CJ_KKDepartment	开课单位	VARCHAR2	30	NULL
19	CJ_LRTeather	录入人，关联教职工信息表（JZG01）中 JZG_ID	VARCHAR2	20	NULL
20	CJ_Remark	备注	VARCHAR2	500	NULL

（七）教材管理

对于课程选用的教材，应该建立教材目录清单，包含教材的所有信息，以便在每学期征订教材时选用。根据教材选用的需要，设计教材书目基本信息表（JC01），字段包括教材ID编号、教材编号、学年学期、ISBN书号、教材名称、作者、版次、出版社、教材类型、教材项目、获奖级别、出版时间、教材单价及备注。JC01表的字段说明如表4.16所示。

表4.16 教材书目基本信息表（JC01）

序号	字段名称	字段描述	数据类型	字段长度	允许空
1	JC_ID	ID编号	VARCHAR2	30	NOTNULL
2	JC_BH	教材编号，学校给教材编的教材编号	VARCHAR2	30	NOTNULL
3	JC_XNXQ	学年学期	VARCHAR2	30	NOTNULL
4	JC_ISBN	ISBN书号	VARCHAR2	50	NOTNULL
5	JC_Name	教材名称	VARCHAR2	50	NOTNULL
6	JC_Author	作者	VARCHAR2	30	NULL
7	JC_BC	版次	VARCHAR2	10	NULL
8	JC_CBS	出版社	VARCHAR2	30	NULL
9	JC_Type	教材类型	VARCHAR2	2	NULL
10	JC_Item	教材项目	VARCHAR2	50	NULL
11	JC_Award	获奖级别	VARCHAR2	30	NULL
12	JC_CBtime	出版时间	VARCHAR2	10	NULL
13	JC_Price	教材单价	NUMBER	10，2	NULL
14	JC_Remark	备注	VARCHAR2	500	NULL

学生选课结束后，可根据选课数据生成教材数据管理表（JC02）。字段包括教材数据ID编号、学年学期、课程号、课程名、任课教师、开课单位、选课人数、是否需要教材及选用教材编号，用来描述各课堂需要选用的教材及数量。JC02表的字段说明如表4.17所示。

表 4.17 教材数据管理表（JC02）

序号	字段名称	字段描述	数据类型	字段长度	允许空
1	JC_ID02	教材数据ID编号	VARCHAR2	20	NOTNULL
2	JC_XQ	学年学期	VARCHAR2	30	NOTNULL
3	JC_KCH02	课程号	VARCHAR2	30	NOTNULL
4	JC_KCM02	课程名	VARCHAR2	50	NOTNULL
5	JC_Teacher	任课教师	VARCHAR2	30	NOTNULL
6	JC_KKDepartment	开课单位	VARCHAR2	50	NULL
7	JC_XKStudents	选课人数	NUMBER	5,0	NULL
8	JC_Need	是否需要教材，标识1表示需要，0表示不需要	VARCHAR2	1	NULL
9	JC_XY	选用教材编号，关联教材书目基本信息表（JC01）中的JC_BH	VARCHAR2	20	NULL

根据教材数据管理表中课程所需教材的编号及数量，按班级生成教材计划班级明细表（JC03），用来描述各班级所需要的教材及数量，可用于教材的发放。教材计划班级明细表的字段包括ID编号、教材编号、ISBN书号、教材名称、作者、出版社、教材单价、供应商名称、课程号、课程名、班级名称、订购册数及备注。JC03表的字段说明如表4.18所示。

表 4.18 教材计划班级明细表（JC03）

序号	字段名称	字段描述	数据类型	字段长度	允许空
1	JC_ID03	ID编号	VARCHAR2	30	NOTNULL
2	JC_BH	教材编号	VARCHAR2	30	NOTNULL
3	JC_ISBN03	ISBN书号	VARCHAR2	50	NOTNULL
4	JC_Name03	教材名称	VARCHAR2	50	NOTNULL
5	JC_Author03	作者	VARCHAR2	30	NOTNULL

续表

序号	字段名称	字段描述	数据类型	字段长度	允许空
6	JC_CBS03	出版社	VARCHAR2	50	NOTNULL
7	JC_Price03	教材单价	NUMBER	10, 2	NULL
8	JC_GYS	供应商名称	VARCHAR2	50	NULL
9	JC_KCH03	课程号	VARCHAR2	20	NULL
10	JC_KCname03	课程名	VARCHAR2	50	NULL
11	JC_BJname	班级名称	VARCHAR2	20	NULL
12	JC_Booknumber	订购册数	NUMBER	6, 0	NULL
13	JC_Remark	备注	VARCHAR2	500	NULL

（八）评教类

根据学生选课数据生成教学评价数据管理表（PJ01），教学评价数据管理表的字段与选课数据表的字段相似，不再详细介绍。教学评价数据管理表描述了需要评价的课程、任课教师、参与评价的学生人数即选课人数等信息。学生评价完成后生成教学评价信息列表（PJ02），教学评价信息列表描述的是每位学生对所选的每一门课的评价数据。字段包括ID编号、学生评价编号、评价学生姓名、评价学生学号、学生所属学院、学生所属专业、学生班级、评价类别、评价课程号、评价课程名、评价教师、总评分、是否已评、是否提交、是否有效及评价明细。PJ02表的字段说明如表4.19所示。

表4.19 教学评价信息列表（PJ02）

序号	字段名称	字段描述	数据类型	字段长度	允许空
1	PJ_ID	ID编号	VARCHAR2	30	NOTNULL
2	PJ_BH	学生评价编号	VARCHAR2	30	NOTNULL
3	PJ_XSname	评价学生姓名	VARCHAR2	50	NOTNULL
4	PJ_XH	评价学生学号	VARCHAR2	30	NOTNULL

续表

序号	字段名称	字段描述	数据类型	字段长度	允许空
5	PJ_XSDepartment	学生所属学院	VARCHAR2	30	NULL
6	PJ_XSmajor	学生所属专业	VARCHAR2	30	NULL
7	PJ_XSclass	学生班级	VARCHAR2	20	NULL
8	PJ_Type	评价类别	VARCHAR2	30	NULL
9	PJ_KCH	评价课程号	VARCHAR2	20	NOTNULL
10	PJ_KCM	评价课程名	VARCHAR2	50	NOTNULL
11	PJ_Teacher	评价教师	VARCHAR2	30	NULL
12	PJ_Tscore	总评分	NUMBER	5,2	NULL
13	PJ_Evaluation	是否已评，标识1表示已评，标识0表示未评	VARCHAR2	1	NULL
14	PJ_Submit	是否提交，标识1表示已提交，标识0表示未提交	VARCHAR2	1	NULL
15	PJ_Status	是否有效，标识1表示有效，标识0表示无效	VARCHAR2	1	NULL
16	PJ_Details	评价明细	VARCHAR2	1000	NULL

根据学生评价的结果，按照教师生成教师评价情况汇总表（PJ03）。教师评价情况汇总表描述了每位教师的评价情况，包括平均分、参评率、排名等。表的字段包括ID编号、教师评价编号、教师姓名、教师职称、教师所属学院、评价平均分、样本数、参评率、学院排名及全校排名。PJ03表的字段说明如表4.20所示。

表4.20 教师评价情况汇总表（PJ03）

序号	字段名称	字段描述	数据类型	字段长度	允许空
1	PJ_ID03	ID编号	VARCHAR2	30	NOTNULL

续表

序号	字段名称	字段描述	数据类型	字段长度	允许空
2	PJ_JSBH	教师评价编号	VARCHAR2	30	NOTNULL
3	PJ_Tname	教师姓名	VARCHAR2	50	NOTNULL
4	PJ_Position	教师职称	VARCHAR2	30	NULL
5	PJ_JSDepartment	教师所属学院	VARCHAR2	30	NULL
6	PJ_Avescore	评价平均分	NUMBER	5,2	NULL
7	PJ_RS	样本数，评教的学生人数	NUMBER	5,0	NULL
8	PJ_Proportion	参评率	NUMBER	5,2	NULL
9	PJ_XYranking	学院排名	NUMBER	5,0	NULL
10	PJ_QXranking	全校排名	NUMBER	5,0	NULL

（九）教师工作量

教师工作量是按照工作量计算方法将教师所授课程进行汇总统计，生成教职工工作量表（GZL01）。字段包括 ID 编号、教师名、教工号、教师职称、教师所在学院、课程号、课程名、学时、学分、课堂人数、课堂系数、课程系数、工作量及备注。GZL01 表的字段说明如表 4.21 所示。

表 4.21 教职工工作量表（GZL01）

序号	字段名称	字段描述	数据类型	字段长度	允许空
1	GZL_ID	ID 编号	VARCHAR2	20	NOTNULL
2	GZL_Teachername	教师名	VARCHAR2	30	NOTNULL
3	GZL_JGH	教工号	VARCHAR2	20	NOTNULL
4	GZL_Position	教师职称	VARCHAR2	15	NULL
5	GZL_JSDepartment	教师所在学院	VARCHAR2	30	NULL
6	GZL_KCH	课程号	VARCHAR2	20	NOTNULL
7	GZL_KCM	课程名	VARCHAR2	50	NOTNULL

续表

序号	字段名称	字段描述	数据类型	字段长度	允许空
8	GZL_XS	学时	NUMBER	5,1	NULL
9	GZL_XF	学分	NUMBER	4,2	NULL
10	GZL_KTstudents	课堂人数	NUMBER	5,0	NULL
11	GZL_KTXS	课堂系数	NUMBER	7,2	NULL
12	GZL_KCXS	课程系数	NUMBER	7,2	NULL
13	GZL_SL	工作量	NUMBER	10,2	NULL
14	GZL_Remark	备注	VARCHAR2	500	NULL

第五章 总　结

　　教务管理工作是每个高校都十分重视的工作,是保证高校教学机制正常运转的枢纽,它直接反映了高校教育管理和教学质量的综合水平。一个完备的教务管理系统可以使教务管理工作的效率大大提高。本文是对高校教务管理系统进行研究与设计,对系统开发工作做了多重剖析,研究内容对各类教务系统的研发都有一定的参考价值。

　　本书首先分析了高校教务管理系统的实际应用背景及系统研究的意义,然后分析开发该系统的可行性。可行性分析完成后就进入系统设计环节,首先进行的是需求分析,对系统的功能需求以及非功能性需求进行深入分析,对各功能模块的用例图进行了设计、分析与阐述。然后对系统的总体结构和各功能模块进行设计,分别设计出了各个功能模块的功能结构图、时序图及活动图。最后进行了数据库表的设计。

　　为了使系统功能更加符合用户需求,笔者做了大量调研工作,调查高校教务管理人员及师生的用户体验及需求,并经常与经验丰富的同事对教务系统进行讨论分析。本书设计的高校综合教务管理系统包括系统管理、基础资源管理、课程管理、培养方案管理、排课管理、选课管理、学分收费管理、考务管理、成绩管理、教材管理、学籍管理、教学评价管理、毕业管理、日常运行管理14个主要模块。这14个主要功能模块能够满足当前高校教务管理的大部分需求,对同类研究具有重要参考意义,具体表现在以下几个方面。

　　一是在新形势和环境下,进一步深入剖析了高校综合教务管理工作的流程和内容,拓宽了高校综合教务管理的思路,分析查找了当前教务管理工作中存在的问题及漏洞，提高了普通高校综合教务管理工作的科学性和规范性。

二是通过普通高校综合教务管理系统的研发，并依据当前的互联网技术和数据库技术，提高普通高校综合教务管理工作的质量和效率，减少普通高校综合教务管理工作中的不必要环节。

三是系统重点对高校教务管理工作者及师生进行调研，对高校综合教务管理进行了细致、科学的分析，能够及时而准确地挖掘教务工作人员的目标需求和潜在需求，节省了高校的教务管理成本，并提高了沟通的效率，节省了工作的时间。

参考文献

[1] 张积鑫，黄志超，迟玉红.大数据下的教务管理系统研究与设计［J］.软件工程，2021（2）：46-48.

[2] 杨志.当前高校信息化现状及发展建议——基于32所高校调查数据［J］.南阳师范学院学报，2021（1）：59-65.

[3] 陈武元，李广平.高等教育普及化背景下的我国高校教学管理变革［J］.大学教育科学，2020（10）.

[4] 肖柳珠.高校排课系统设计研究［J］.信息与电脑，2020（21）：52-53.

[5] 马敏丹，刘玲玲."双一流"背景下高校教务管理面临困境及完善对策［J］.智库时代，2020（21）：224-225.

[6] 方敏.高校教务管理信息化和科学化建设研究［J］.中外企业家，2020（16）：170.

[7] 刘亚斌.互联网环境下高校教学管理实践［J］.教育教学，2020（9）：55-56.

[8] 李春葆，赵丙秀，张牧.数据库系统开发教程［M］.北京：清华大学出版社，2018.

[9] 萨师煊，王珊.数据库系统概论［M］.北京：高等教育出版社，2013.

[10] 邵光俭.学校教务管理系统设计与实现［D］.吉林：吉林大学，2017.

[11] 郭丽娟.基于J2EE的教务综合管理系统的设计与实现［D］.吉林：吉林大学，2017.

[12] 韦强.基于B/S的教务管理系统设计与实现［D］.大连：大连理工大学，2016.

[13] 张玉.高校教务管理系统设计与实现［D］.南昌：南昌大学，2018.

[14] 黄梯云.管理信息系统导论［M］.北京：机械工业出版社，2007.

[15] 严磊.高校教务管理系统中的数据库安全问题与策略研究［J］.信息技术与信息化，2016（8）：76-78.

[16] 吴玉萍.新建本科院校教务管理系统现状及对策研究［J］.黑龙江教育（高教研究与评估），2016（3）：58-59.

[17] 周莹.高校教务管理系统信息化建设的现状分析［J］.无线互联科技，2017（10）：131-132.

[18] 何守信.教务管理系统的分析与发展趋势［J］.科技视界，2012（35）：62-62.

[19] 靳红霞，吕龙辉.基于UML技术的高校教务管理系统设计研究［J］.信息与电脑：理论版，2016（1）：97-98.

[20] 尹纪庆.教务综合信息管理系统的开发和应用［D］.青岛：青岛理工大学，2015.

[21] 王杉.高校教务管理系统功能思考［J］.课程教育研究，2017（11）：12-13.

[22] 孙仕云.基于B/S三层架构的高校网络教学管理系统设计［J］.电子技术与软件工程，2017（5）：197-197.

[23] 孙建召.基于J2EE的教务管理系统的设计与实现［J］.焦作大学学报，2017（2）：70-72.

[24] 赵江川，刘玉萍.浅议高等学校教务管理信息化建设［J］.新西部：理论，2016（2）：85-85.

[25] 刘秀波.高校教务管理信息化的实践与思考［J］.北方文学旬刊，2013（1）：170-170.

[26] 陈斌，郑文玲.高校教务管理系统信息化建设现状及对策分析［J］.科技展望，2017，27（7）.

[27] 辛颖.信息技术在高校教务管理中的应用价值探析［J］.中国管理信息化，2016，19（11）：215-215.